ちくま文庫

愛の本

他者との〈つながり〉を持て余すあなたへ

菅野仁・文
たなか鮎子・絵

筑摩書房

contents

愛の本

他者との〈つながり〉を持て余すあなたへ

プロローグ
「つながり」への揺れる想い

少し気恥ずかしいけれど、こんな話から書いてみたい。

小さな頃からピアノを習っていたぼくは、高校2年生になっても時間を見つけてレッスンに通っていた。当時のぼくの先生は、地元でかなり名の知れた男性音楽家だった。

その日は、レッスン終了間際に一人の男性が部屋に入ってきて、彼はソファに座り、終わるのを待っていた。ぼくは、「たぶんこれから仕事の話があるのだろう」と思い、先生とお客に軽く会釈をしてそそくさと部屋を後に出ようとした。けれどお客は、「まあまあちょっと座ったら」と言いながら、にこやかにぼくに話しかけてきた。

「高校生なの？」

「はい」

「ピアノはいつから習っているの？　将来音楽の道に進むつもりなの？」

ピアノは小学校1年生から習っていること、ピアノや音楽を仕事にするつもりはないけれど、好きだから続けていることなど、ぼくは答えた。

「最後のほうだけちょっと聞かせてもらったけど、ベートーベンのピアノソナタ、なかなかいい響きだったよ。音楽への道もちょっと考えたら？」

褒められてなんか気恥ずかしかったけれど、もちろん悪い気はしなかった。というよりとても嬉しかった。

そしてひととおりの会話が終わり、ぼくが席を立つべき雰囲気になった。〈いま、腰を上げて挨拶して、早くこの場からおいとましたほうがいい〉ということはぼくにもわかっていた。

でも、もっと彼と話を続けたい気がした。

その瞬間、日ごろ人見知りの激しいぼくの口からはちょっと信じられない言葉が口をついて出た。

「もうちょっとここに居ようかな」

するとそれまで二人のやり取りをにこやかに聞いていた先生の顔つきが少し険しくなった。

「悪いけど、大事な仕事の話をこれからしなければならないから、この辺で帰ってもらえないかな？」

先生ははっきりとそう言った。それは決して怒っているような調子ではなかったが、高校生のぼくをうろたえさせるには十分な語気の鋭さを伴っていた。

ぼくはあわてて楽譜や筆箱をカバンにしまい、大急ぎで部屋を出た。玄関を開けた瞬間に飛び込んできた5月の日差しは妙にまぶしく、歩き出そうとしたぼくは一瞬バランスを失いかけた。涙で目が曇っているせいでもあるようだ。いつもならレッスンが終わりバス停まで歩いて帰る道のりは、心も体も軽やかに感じられるはずだった。けれどその日に限って、生暖かい5月の日差しは、ぼくをとても不快にした。

歩いても歩いても、いっこうに涙が止まる気配はなかった。

悔しいのか、悲しいのか、最初は自分の感情がどうしてこんなに混乱しているのかわからなかった。けれど、バス停までの10分ほどの道すがら、徐々に自分がたまらなく「恥ずかしさ」を感じていることに気がついた。

先生がちょっと冷たく「帰ってくれ」と言ったことを恨んで悲しいわけではない。

先生にそんな台詞を言わせた自分自身が恥ずかしかったのだ。あの男性の客は、ぼくの音楽的才能を本当に認めてあんなことを言ったわけじゃない。これから先生に仕事をお願いしなければならないから、「社交上のやりとり」としてぼくのピアノを褒めてくれた、そんなことにも気づかなかった自分が情けなかった。いっときの褒め言葉に浮かれてしまい、人との「距離感」を見失っていた自分がどうしようもなく許せなかったのだ。いろいろな感情が入り混じった形で混乱しながらも、自分の「無粋な振る舞い」が自分自身を傷つけたことだけはよくわかった気がした。

そしてその日を最後に、ぼくはピアノを習うことをやめた。

社会学という学問を専門にするようになっても、なぜか関心が向かう方向が、生活する人々の身の周りに起こる些細な出来事や人と人とのなにげない言葉のやりとりだったり、そこで生じる自我のゆらぎだったりするのは、10代後半のもっとも多感な時期のこうした体験に根ざしているからかもしれない。

人との距離のとり方や相手の気持ちをちゃんとわかって振る舞うことの難しさ。

人との関係に疲れ、すぐに傷ついてしまう自我。
こうしたことが常にぼくの関心の中心だった。

いろいろな体験を積んだり、自分自身で人と人の関係について勉強を重ねたりすることによってぼくも少しは大人になった。ぼくたちが自分を取り込む世界とどのような関係を作っていったらよいのかについて、少しは語れるようになってきたと思っている。

「自分らしさ」とか「自分の個性」とか、とにかく現代という時代は、「自分とは何か?」を追求することを求められている時代だ。でも、「自分」「自分」と自我のあり様を内へ内へと追い求めることはかえって自分自身を息苦しくすることになってしまうことにもなりかねない。

つい「自分」にこだわってしまう人こそ、他の人間や身の周りの世界と自分がどうつながっていけるのかといったことを丁寧にとらえ直す「見取り図」を必要としているのだと思う。

＊

この本を手にとってくれた君が、自分以外の人間や身の周りの世界に対して、ゴツゴツした岩みたいなよそよそしさを抱いているとしたら、そんな感覚から自由になれる考え方があることを知ってほしい。この本によって、自分を取り囲む世界と多少なりともなめらかにつながっていけるイメージを持ってくれたらいい、とも考えている。

つながりを考えること、そして感じること

の大切さを伝えられればなあ、と思っている。

でもね、ぼくは、周りのどんな人ともうまく関係を作っていかなければダメだよとか、学校を卒業したらきちんとした一人前の社会人になることが正しい生き方なんだとか、そういう「お説教」がしたいわけじゃない。

人のつながりなんて言われるとちょっと疲れる、社会について考えようなんてい

われてもいまひとつピンとこない、そういう君に向かってぼくはこの本を書いているつもりだ。

自分なりに納得のいく生き方を探ろうとするとき、自分一人の力だけに頼ろうとすれば、どうしても行き詰まってしまうと思う。周りの人と気持ちが通じたり、自分の考えや行いが他の人に認めてもらったりすることによって、ぼくたちの**「生」**は、限りない広がりと深さを持つようになるとぼくは考えている。

だから、「私」のことをちゃんと深く考えるためには、ちょっと回り道のようにも思えるけど、他の人とのつながりや社会とは何かといったことについて思いをめぐらすことが実はけっこう大切になるとぼくは思っている。

「他者」とか、**「社会」**とか、そうした自分の「外側」にあるように思える事柄が、実はぼくたちの心の内側にとても深くつながりを持っている。「外側」にゴロッとあるモノのように理解していると見えてこない、周りの世界と自分自身との**「つながり」**の可能性について、これからいっしょに考えてみよう。きっと君が、「自分らしさとは何だろう」とか「自分にとって幸せって何だろう」といったことを見つめ直すよいきっかけになるとぼくは思うんだ。

PART 1

幸福のかたちって？

「幸せ」になりたいな。

子どもの頃からずーっと思っていた。でも「幸せ」がどういうことなのかはよくわからなかった。

貧乏はいやだけど、「お金持ち」になりたいとはあまり思わなかった。お金があっても幸せそうでない人がいっぱいいることは、テレビなんかを見ていれば、なんとなくわかってしまうからね。

やりがいのある仕事を見つけたいな、ということをとても強く思っていた。

「小説家」になりたいと思ったこともあった。でも、小説なんてそうそう簡単に書けるはずがない。ちょっと書いてみて「こりゃ、ダメだ」と思った。「ピアニスト」になれればと思ってピアノを一生懸命練習したこともあった（ほんの少しの間だけどね）。でも世の中にはぼくよりピアノがうまい人なんて、それこそ星の数ほどいることはすぐにわかった。それにピアニストになるためにはどれほどの練習をしなければならないか、本気で練習すればするほど恐くなってきた。

幸せな家庭を築きたい、という思いも強かった。でも、すごく好きだった人にフラれてからは、新しい家族を作ること、子どもを持つことへの恐れや自信のなさが芽生え、温かい家庭へのあこがれを自分の中で打ち消そう打ち消そうと身構えていた気がする。結婚して子どもを持ったのは、けっきょく35歳を過ぎてからだった。

「メンデルスゾーンのようになりたい」

中学生の頃のぼくの「幸福のイメージ」は、メンデルスゾーンだった。

メンデルスゾーンという音楽家を知っているよね。モーツァルトやベートーベンなんかにくらべると小粒な感じがしないでもないが、音楽史には必ず名前を連ねる有名な音楽家だ。

ぼくが中学生の頃、音楽の時間に有名な「バイオリン協奏曲ホ短調」を聞いた。物悲しい冒頭の主題の旋律を聞いただけでちょっと体が震えた。それから、メンデルスゾーンってどんな人なんだろうと思って自分で少し調べてみた。ベートーベン

は失恋しておまけに耳が聞こえなくなるし、モーツァルトは天才だけど私生活は不遇だったようだし、シューマンはクララと熱烈な恋愛をして結婚できたのはうらやましかったけど、晩年は自殺未遂を起こし精神病院で死んだと知ってちょっとショックを受けた。それに彼らはみんな貧乏にとても苦しんだようだった。

けれどメンデルスゾーンだけは違っていた。実家が裕福でお金があっただけではなく、彼の生まれ育った家庭は、深い愛情と教養に満ちていた。そのうえ彼は、音楽はもちろん、幅広い教養を身につける全人教育を十分に受けていた。音楽家としての天分、芸術性を磨き上げる教育環境、さらに家庭的な温かさまで手に入れていたというのだ。

彼のように歴史に残る芸術的な仕事をしながら、家庭的にも恵まれて逆境のなさそうな人生を送った人はそういない。

ぼくはといえば、彼のような芸術的才能があるはずもなく、家が裕福でも、特別な英才教育を施されたわけでもない。あたり前の話だが、ぼくはメンデルスゾーンにはなれなかった。

やりがいのある（できれば他の人にはまねのできない独創的な）仕事と愛情いっぱいのやすらぎのある家庭――この二つを同時に手に入れることができる人は本当に幸せなんじゃないかな、といまでもぼくは思っている。

けれどこうした幸せに届くことがどんなに難しいか。この本を読んでくれている人の多くはもうそのことに気づいているんじゃないかと思う。

中学生の頃よりもっと小さい頃、もうほとんど覚えていないけれど、4、5歳くらいまでの幼児の頃の自分はどうだったのだろうとこの頃ふと考えることがある。なんにでもなれたり、できたりすると思っていたような気がする。いわゆる「幼児の全能感」というやつだ。

自分が幼稚園に上がる前くらいに何を考えていたかは、ほとんど忘れてしまったけれど、ちょうど4歳になったぼくの息子を見ていると、「幼児の全能感」がどんなものかがよくわかる。例えば彼は、「大きくなったらミルコ・クロコップ*のような最強の格闘家になるんだ」と本気で思っている。でもそう遠くはない時期に、息子は自分がどんなにがんばってもミルコのような体（彼は身長約190㎝、体重約100kgだ）には決してなれず、ミルコのように世界最強をめざす格闘家にはなれないことを知るだろう（体の小さな父母の元に生まれたことを恨むようになるのかな？）。

幼稚園に入り小学校に上がる頃になると、だんだんいろいろなことが見えてくる。自分の人生にとっての「壁」のようなものが見えてくるのだ。壁は二つの方向からやってくる。一つはクラスメートや先生など周りの人たちとの関係から、もう一つは自分自身の能力や力量の問題として。

周りの人間たちとどう関係を作るか。これはけっこうやっかいな問題だ。ぼくなんかそうしたことで悩むようになるのはだいぶ大きくなってからのことだったが、小学校2年生の娘を見ていると、この年頃の子どもたちはけっこう早い時期から友だちの中でいろいろな緊張関係があるようだ。背が小さいことをバカにされたり、

でも九九がクラスで1、2を争うくらい早く覚えられて一目置かれたり。クラスや友だちの中での優劣を競いあう競争はけっこうシビアだ。

友だちという存在は、私たちが小さい頃から成長していく中で初めて出会う「他者」なのかもしれない。

いま、**「他者」**という言葉を使ったけれど、周りの人たちとのつながりを考えるとき、この「他者」という言葉がキーワードになるとぼくは考えている。

ぼくの考えでは、見知らぬ人（＝他人）ばかりではなく、身近な人（＝近所の人、友だちや家族）も「他者」だということになる。つまり〈（少なくても思春期以降の人間にとって）自分以外はすべて「他者」〉なわけであり、どんな身近な人でも自分とまったく同じ考えや同じフィーリングを持つわけではないということを出発点に**「つながり」**について考えてみよう、というのがぼくのスタンスだ（詳しくはこ

＊今日の格闘技界をリードするクロアチア出身の世界的格闘家。以前は立ち技最強を争う「K－1」で闘っていたが、総合格闘技「Pride」を舞台に活躍する。クロアチアの国会議員になり話題を集めた。2006年12月30日にPRIDEを離脱し、さまざまな舞台に活動の場をうつしている。

の本の第3章で説明する)。

哲学者の竹田青嗣によれば、**他者**とは、二重の本質的性格を持っている。それは、自分にとっての「脅威の源泉」であると同時に「エロス(=生の歓び)の源泉」でもあるという二重性だ。さらにぼくの考えでは、「エロスの源泉」は〈つながりそのものの歓び〉と〈承認の歓び〉の二つの側面からなると思う。

ちょっとややこしいのでまとめてみよう。

◎他者が帯びる本質的性格の二重性

①脅威の源泉

②エロスの源泉(つながりそのものの歓び/承認の歓び)

まず他者が「脅威の源泉」であるということについて。

ごく小さい頃は、私が世界の中心であるという「自己中心的物語」が通用することが多い（周りの大人がそれを許容することによって）。でも、友だちは「それは違う」とか「おまえは全然イケてない」とか、自分が持っている自己中心的物語を相対化してくる存在でもある。

ちょっと前のことだが、子どもたちが毎週楽しみに見ている「ちびまる子ちゃん」を横目でみながら仕事をしていたら、こんな話が目に飛び込んできた。

ある日まる子がショーウインドウに飾ってある素敵な服（ちょっと記憶が定かでないがピンク色のワンピースだった気がする）を見つける。どうしても欲しかったがお母さんからダメと言われ落ち込む。でもひょんなことからその服がまる子の手に入った。当然まる子は小躍りして喜ぶ。まる子のイメージの中では、その服を着た自分はまるで外国のお姫様のように美しいのだ。

次の日まる子はその服を着て登校する。「うわーどうしたのまる子ちゃん、そんな素敵な服を着て」とか「その服、すごくステキね」とかいう言葉を期待しながら。でも、実際の友だちの反応は……、〈いつもとちっとも変わらない態度〉だったのだ。まる子が自分に対する賞賛の言葉を期待しながら「おはよう」と周りの友だちに言葉をかけても、友だちは「あっ、まる子おはよう」といつもどおり返してくれるだけ。決して「うわーそのお洋服どうしたの？」とは言ってくれない。友だちの誰もがみんな同じ。誰もまる子を外国のお姫様を見るような目で見てはくれない。そしてまる子は深く傷つくのだった……。

クラスの友だちはまる子の服を見て「うわーその洋服、変っ！」とか「全然似合ってなーい」とか、否定的な視線や言葉を投げかけたわけではない。いつもどおりにまる子と接しただけなのだ。でもそれだけで彼女の「自己中心的物語」は相対化され、幼いまる子は傷ついた。**「誰も私が期待するようには私を見てくれない」**ということによって。

普通、幼い子どもは自分自身に対する物語を否定されることは少ない（中には小さい頃から両親や周りの大人に存在を否定されてしまう過酷な体験を重ねる子どももいるが、しかしいまの時代の多くの親は幼い子どもには甘いものだ）。それが、少し大きくなって友だちとの関係が作られていくと、しだいしだいに自分の「自己

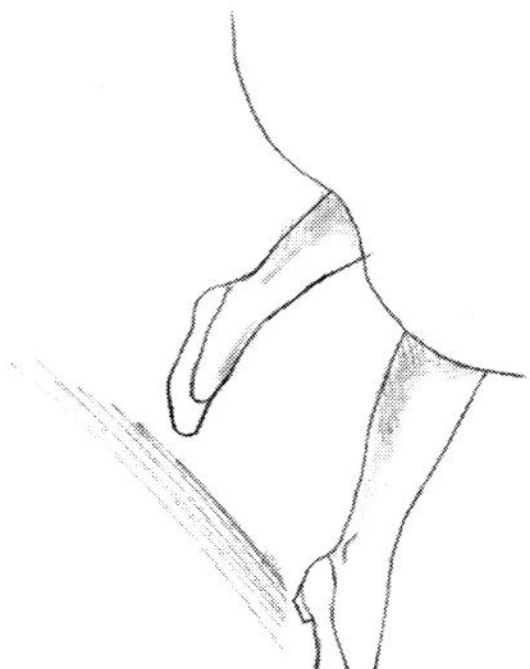

中心的物語」を相対化され、場合によっては否定されることを誰もが経験していく。こうした自己中心的物語の挫折を自分自身の中で上手に処理しないと、他者への恐れや他者とのつながりへの恐怖が、だんだん自分の心の中で大きくなってしまう。

といっても、他者は決して「脅威の源泉」だけの存在ではない。引きこもりに陥っている（あるいはかつて引きこもりだった）人たちの多くが語ることは、「ほんとうは他の人とのつながりを持ちたかった」ということだ。もし他者が「脅威の源泉」なだけなら、極言すれば、傷ついたら引きこもってしまえば楽でいいのかもしれない。でも引きこもってしまうことが苦しいのはなぜなんだろう。

それは、他者が「エロスの源泉」でもあるからだ。

「エロスの源泉」であるということは、他者とつながりを実感できたときに人間は**〈生のあじわい〉***を強く感じることができるということだ。

「エロスの源泉」としての他者の性質について。

銀座線
GINZA LINE

さっき指摘したように、それは二つの側面から成り立っているとぼくは考えている。

一つは、本源的な**「つながりそのものの歓び」**だ。つまり理屈や論理以前に「この人といるとほっとする」とか「妙に安らぐ」といった感情のことだ。

娘がまだ生まれたばかりの頃、娘を抱きながらあやしているとき、あんまり可愛すぎて血が頭のほうに逆流して血管が切れそうな感じになり、抱きしめたまま立ちくらみを起こしかけたことがあった。そのことを知人の奥さんにしゃべったらすごく受けて、奥さんのご近所に一気に広まったらしいのだが(つまりアブナイおやじの「可愛がり」として)、そうした言葉にならない「つながりそのものの歓び」は、子育てのいろいろな場面で垣間見ることができる。

いっしょにいるだけで、あるいは体を触れ合っているだけで幸せを味わえることは、なにも子育てに限ったことではない。付き合って間もない恋人同士や、新婚さんなどにもあるだろう。また直接の身体的接触は伴わないことが多いだろうが、例えば気心の知れた親友と同じ部屋で、それぞれ音楽を聴いたり、本を読んだりしながら居て、別にいっしょになにかをするわけじゃないけれど相手がそばにいてくれるだけで妙に落ち着くなんてこともあったりする。

「エロスの源泉」としての他者の二つ目の性質は、自分の意見や考えあるいは行いなどを認めてもらうこと。**「承認の歓び」**といってもよいだろう。「おまえはたいしたものだ」とか「なるほど君の言うとおりだ」といった「承認」は、存在の根幹にふれるほどの魅力を持っている。実はこれがないと自分の好きなこと、自分らしさの表現なんていうものもあまり意味をなさなくなってしまうといえるほどだ。

そして学校の先生や友人などから承認を得られることは、身内である親からの承認とはまた違った〈生のあじわい〉を持っている。

わかりやすくいえば、身内の承認は少なからず「八百長」めいたところがある。

＊楽しい、嬉しい、心地よい、生きてよかったといった「生の肯定感」の総称。19世紀のドイツの社会学者・生の哲学者ジンメルの「生の充実」「生の享受」という概念や、竹田青嗣さんの欲望論のキーワードである「エロス」という言葉をぼくなりに解釈して使っている。

ひいき目に見られていることは幼いときはわからないかもしれないが、学校に行って友だちとの関係を経験するとなんとなくわかるようになる。

だから他者である性質がとりわけはっきりしているクラスメートや友人からの承認を得られることによって、親からの承認とは一種異なった〈生のあじわい〉が感覚される。なんというか**「広い場所」につながっていくような可能性の味わいの先端に立った気分**になるのかもしれない。それがやがてもっと広い世間へ向けた**承認への欲望**へとつながっていく。

だから他者からの承認は、「エロスの源泉」になるのだ。

自分の活動が自分にとって納得ができて、しかも他者からの承認が得られた場合、その人の〈生のあじわい〉は最高潮に達するのだとぼくは思う。

幼児の全能感が挫折した後、少しずつ大きくなっていくぼくたちに共通している課題は二つある。１００％ではないにしても、ぼくたち自身が自分なりに満足できる「活動の形」をどのように見つけることができるか、次に周りの他者とどのようにつながりを作りながら〈生のあじわい〉を深めていくかということだ。

だから、

人間の幸福って何だろう？

っていう、最初に挙げたこの問いに、いまのぼくなら次のように答えるだろう。

幸福の具体的な形が何なのかは、人によって異なる。
でも、人間の幸福にはある「一定の条件」があり、
それはわりとかっちりとした形で取り出すことができる。

と。

ではその「一定の条件」とはなんだろう。

それは、

「自己充実をもたらす活動」

と

「他者との交流」（「つながりそのものの歓び」と
「他者からの承認」からなる）

という2側面だ。

自分自身でほんとうに納得がいく活動、自分の能力をきちんと発揮できる活動、自分らしさを表現できる活動――こうしたものが、「自己充実をもたらす活動」の中味だ。

ただいっしょにいるだけで心が安らぐ人たちがそばにいたり、自分の活動をきちんと「承認」してくれる他者に出会えたりすること――これが「他者との交流」という側面だ。

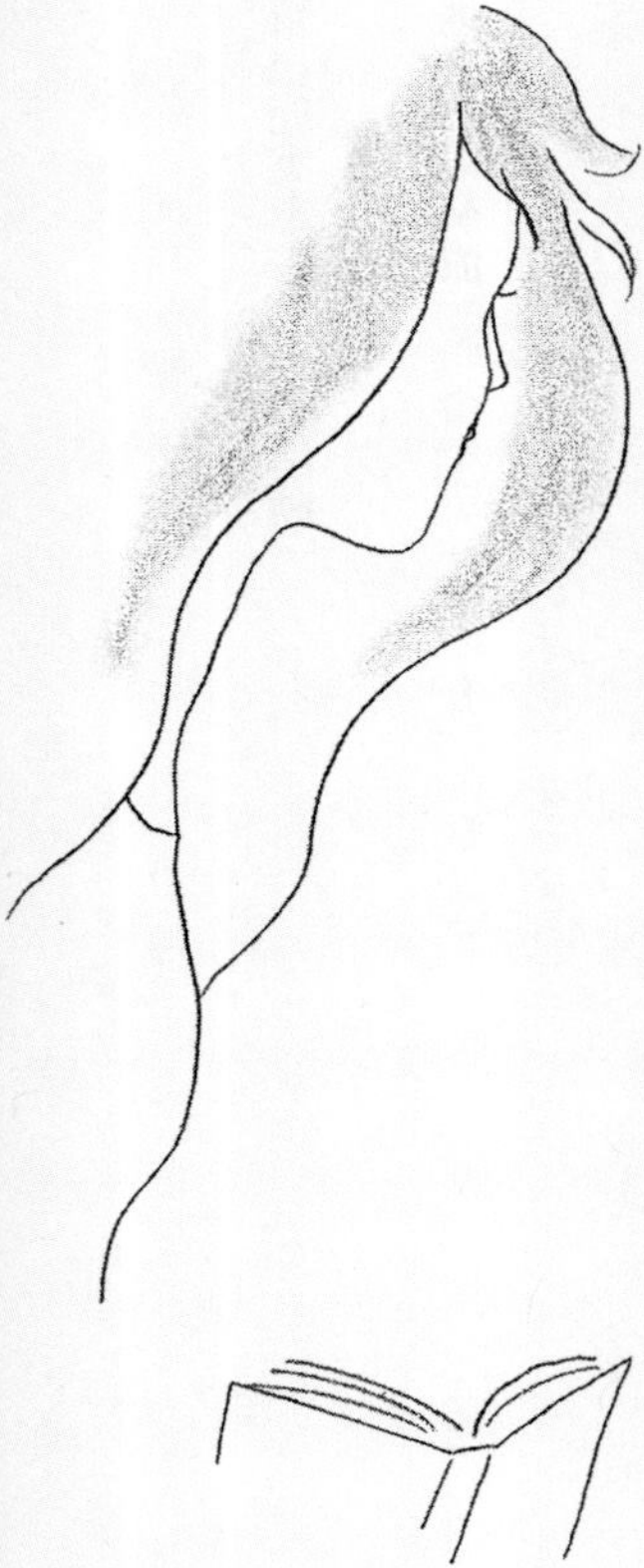

この二つがうまく連動したとき、人間は「ほんとうの幸福」を得られるんじゃないかなとぼくは思う。

以上をまとめてみよう。

◎幸福の条件

①自己充実をもたらす活動

②他者との交流（＝「つながりそのものの歓び」と「他者からの承認」）

＊①と②の間のバランスのよさや滑らかな関係が〈生のあじわい〉を深める要因となる。

こうした観点からみると、中学生の頃のぼくがメンデルスゾーンに憧れたわけが、はっきりとわかる。

彼は、作曲というもっとも自分らしさを発揮できる活動を職業とし、家族にも恵まれ、さらに同時代の人ばかりではなく、何百年後の私たちからの「承認」もかちえている。

ぼくにとって、まさに「幸福」をそのまま体現したように見えるのだ。

でも、誰もがメンデルスゾーンになれるわけではない。というよりもほとんどの人がメンデルスゾーンにはなれない。

この「条件」を取り出してみせただけでは、ぼくたちが具体的な生活の中から幸せを紡ぎ出していくことのためには不十分なのだ。

「自己充実をもたらす活動」と「他者との交流」が同時並行的に実現されること——これはいわば「幸福の純粋型」を取り出して描いたスケッチだ。だが「純粋型」を単にスケッチしてみただけじゃぼくたちは幸福をつかむことはできない。

一人一人の具体的な生活の中の実際の活動において、幸福をつかみとる力を身につける必要がある、とぼくは思う。

ごくあたり前の能力と環境のもとに生まれ、ごくあたり前に日々を送り、ごくあたり前に自分や自分の身の周りの他者たちの幸せを願う多くの人たちにとって、幸福はそのまま黙っていれば手に入れられるものでは決してない。自分なりに日々の活動のあり方や他者との交流のあり方を具体的に組み立て直す力がぜひとも必要になるはずだ。

自分にとっての幸福とはどんな形をしているのだろう、自分の意欲や活動をどちらの方向に向かわせれば幸せを手に入れることができるのだろうといったことを、具体的な生活の場面でイメージできることが大事になると思う。

このことをぼくは、

「幸福のデザイン」

と呼びたい。

現代イギリスを代表する社会学者のアンソニー・ギデンズの言葉を借りれば、「再帰性（reflexivity）」の感度を上げることによって、自分と他者、自分と社会、そして自分自身との関係をきちんととらえ直すことがいま求められているのだと思う。

幸福を「デザイン」するために一番大切だとぼくが思うこと。

それは、「幸福の純粋型」と〈いま・ここ〉の自分のあり方との「距離」をきちんと了解するということだ。幸福の可能性を信じながらも、自分の生の「限界」を引き受ける態度を身につけていくことでもある。言い換えれば、自分に対して無際限な能力を求めたり、他者からの絶対的な承認を求めないということだ。

自分の能力や置かれた環境の限界を知りながらもささやかでも確かな一歩を踏み出す勇気を失わないこと、自分のすべてを受け入れてくれることを他者に期待せず、自分の考えや感じ方が少しでも伝わったことを楽しみ、そこを基点に少しずつ人とのつながりを深めていくこと――現実の生活の中ではそう簡単にはいかないことかもしれないけれど、でもこうした方向で自分なりの形に幸福をデザインしていくことが大事なんじゃないかな、とぼくは考えている。

PART 2

「本当の私」から「私にとっての〈ほんとう〉」へ

この頃よく「本当の私を見つけ出そう」とか、「本当の私に出会える」とかいうフレーズを聞くことがある。

いまここにこうしている私とは違う「本当の私」、他の誰とも違った個性を持つ「本当の私」、誰よりも輝いている「本当の私」……。「本当の私」という言葉は、さまざまにイメージを増幅させながら、現代に生きるぼくたちが抱く「あこがれ」の形の一つとして定着しつつあるようだ。

でも、〈「本当の私」探しって、どこかうさんくさい〉って感じている人が多いのも事実だ。〈しょせんありもしない「本当の私」なんかにこだわることによって地に足のついた生活ができなくなる、そんな考えは早く捨てて現実的に生きることだ〉――こうした考えも根強かったりする。

うーん、どう考えたらいいのだろう。

「本当の私」への「あこがれ」と、そんなものを切り捨てた「現実」の重視――どちらの考え方も確かに一理ある。でもどっちかの考えを選んでもう一つの考えを捨て去ってしまうと、なにか大切なものを失ってしまうような気もする。

こんなふうにイメージし直したらどうだろう。

〈いま・ここ〉という〈生の現場〉からどこか遠くにある「本当の私」という実体的な何かを夢想するのではなく、**〈いま・ここ〉**の自分の居場所を大切にしながら、その中で**「自分にとっての〈ほんとう〉」**を求めることへと「本当の私探し」を転換してみる。

すると、「本当の私」へのこだわりは、「幸福の条件」にとってとても大切なものとなるし、現実逃避のようなあやうさもだいぶ薄らぐ気がするんだ。

「自分にとっての〈ほんとう〉」というのは、いろいろな活動の中で「これは自分にとってぴったりだな」とか「これをしていると〈ほんとうに〉楽しい」とか、そういう〈生のあじわい〉が自分の中に強く感覚されることだとぼくは考えている。

それが「職業」と結びつくことができれば、もちろん一番素敵なことだと思う。

思い出すのが、大リーグで活躍する「イチロー」。その体のしなやかさやバランスのよさ、バッティングセンスのすばらしさ、守備や走塁でみせる脚力とセンス、どれをとっても超一流の名にふさわしい。しかも、彼のインタビューを聞いていると、スランプに陥ったときに、メンタルな部分も含めて自分をきちんとコントロールする能力を持っており、つくづく「ベースボールをするために生まれてきた人だな」と感じる。「天与の資質」を与えられた彼は、ベースボールを通して、「自分にとっての〈ほんとう〉」を見出しているとぼくは思う。つまり彼にとってベースボールは、まさに「自己充実をもたらす活動」そのものに見える。

でも、あたり前のことだけれど、野球を愛する誰もがイチローほどの才能やチャンスに恵まれているわけではない。競技スポーツは、持って生まれた「天分」によって得られる結果が大きく左右されるので、自分の天分の「限界」を知って野球をやめていく選手は多いだろう。

「自己充実をもたらす活動」というと「やりがいのある職業」「自分の個性を生か

す仕事」といったイメージがどうしても先行する。やりがいがあって、個性が生かせて、しかも自分がほんとうに好きな仕事を職業にできればそれは幸せなことだろう。しかしすべての人がそんな仕事を見つけられるわけではない。だから、仕事以外の活動の中にも「自分にとっての〈ほんとう〉」を求めることができる感度を磨いておくことが大切だと思う。

直接に職業と結びつかなくても、たとえば若い頃に出会った活動を生涯を通じた趣味として、自己充実を図っている人もいる。

ぼくの奥さんのおじさんがまさにそういう人だった。

長崎生まれの彼は大学に進むために上京し、高校時代から親しんでいた油絵を続けた。実家が必ずしも豊かではなかったため昼間働き夜間の大学に通っていたのだが、その忙しい合間をぬって絵を描いた。大学を終え、大手の建築会社に勤め、働き盛りになる頃には、次第に絵を描く時間が少なくなったようだ。

しかし会社を定年して時間ができてからは、俄然絵の制作に打ち込み始めた。おじさんは油絵も描いたが、水彩ペンを使った淡い優しいタッチで、草花や風景のス

ケッチを多く手掛けた。草花や風景を通して自分の心象を気取らずまっすぐに表現できる水彩画が、気に入ったのかもしれない。

ちょうど70歳になった頃、癌が彼の体を蝕みはじめた。ぼくはその頃からのおじさんのスケッチを多く見せていただいている。散歩の途中に描いたスケッチ群は、小さな草花に秘められている命の息吹を丁寧にすくい上げているものばかりだ。旅先での風景のスケッチには、景色そのものに一つの命が宿っているかのような有機的な質感を感じた。どの絵も、生命への強くしかし繊細な彼のこだわりが感じとれるものばかりだった。

おじさんは亡くなる直前まで絵を描いていた。

絵を描くことが〈ほんとうに〉好きだったのだと思う。病魔に冒されていることを知ってからは、確かに自分が生きた証しみたいなものを、家族や知人のみんなに残したかったのかもしれない。

お葬式の日、葬儀場の入り口にはおじさんがこれまで書き溜めていた油絵や水彩画のスケッチなどが、壁いっぱいに並べられた。彼の最初で最後の「個展」だった。

いまぼくは、あらためてこんなふうに考えている。

おじさんのように、とにかく自分が「これだ」と思えるものをどんなものでも見つけること。しかもそれを職業にしようとかそれでお金をもうけようとかいったことにあまりこだわらないこと。必ずしも職業と直結するものじゃなくても、なぜかはわからないけど自分の魂が揺り動かされるように感じられる活動を若い頃から模索し、それを続けていくこと——そうした自分にとっての「ほんとうの何か」を見つけることが、人間が幸福をデザインするための大きな支えになるんだな、と……。

「自己充実をもたらす活動」ってどんな形で実現していくのだろう。こんなことをあれこれ考えていたとき、大学の授業で次のような話をしてくれた女子学生がいた。

彼女が高校の3年生のときにイギリスに約1年間留学したときのことだ。

留学先でいろいろな人に会うたびに、「あなたは何をして過ごすのが好きなの？」

と聞かれたというのだ。

「何をして過ごすのが好き?」という問いは、彼女にとってとても新鮮だったが、彼女を悩ませもした。だってそれまで彼女は「自分が何をして過ごすのが好きな人なのか」なんて考えたこともなかったからだ。返答に窮した彼女はいつも、「(高校の吹奏楽部に所属しているから)楽器を演奏しているときが好き」と答えたという。

そう返事しながらも、彼女はこう思っていたという。「なにか違う。私は自分が「吹奏楽部の部員」だから楽器が好きなはずだと考えて、答えている。でも楽器の演奏が〈ほんとうに〉好きなのかどうかは自分でもよくわからない」と。

結局彼女はイギリスにいる間、自分が〈ほんとう〉は何が好きな人なのかはよくわからずじまいだったらしいが、でも「自分にとっての〈ほんとう〉」を探ることにつながるこうした問いを持てたことは、生きることの歓びを広げるための手がかりを彼女自身の力でつかむきっかけになったことだろう。

確かに、ごく若いうちに「これが自分にとっての〈ほんとう〉の活動だ」といえるものに出会って、それを大切にしている人たちもぼくの周りには時折みかける

(前述したおじさんもそういう人の一人だった)。でも、誰もが若い時期に、「これだ」と思えるものに出会えるわけではない。そうした人はむしろ少数の恵まれた人なのかもしれない。早い時期から「自分にとっての〈ほんとう〉」を求めようとしても、それが何なのかを見定めるのはとても難しいんじゃないかな。

だから自分なりの「幸福」の核を見出そうとして、いろいろな種類の活動を通してあれこれ模索する人も多いはずだ。

ぼく自身は、若い頃に「これだ」というものに出会うことができなかった。仕事一筋にもなれなかった。むしろ、仕事だけじゃなく「いろいろな活動をしてみたい」という思いが強かった。いま振り返ってみると、自分にとって「自己を充実させる活動」とは何かをいつも求めていたのだと思う。

若い頃、いろいろな楽器を弾いてみたり(ピアノ、ギター、チェロなど)、東洋身体技法とくくれる武術や舞踊(空手、ヨガ、日本舞踊など)が自分の身体感覚にはピッタリとくる気がしていろいろとやってみた。

いまからみれば、現在の職業に直接結びつくものはない。だけど、ぼくにとってそうした活動はどれも意味のあるものだったと思う。

30歳くらいまでの間にいろいろなことに手を出していたおかげで、長い期間のブランクがあっても楽しめている活動があることは本当に幸せなことだ。とりわけ空手は、高校生の頃ちょっとかじって以来全然やっていなかったのだが、自分が40歳になる直前にふと「またやってみたい」という衝動に駆られ、いまも道場に通っている。

再開したときは、仕事にもちょっと行き詰まり感があって、体力も少しずつ衰えてきた頃だった。自分の中で〈生のあじわい〉がだんだんと感じられなくなり、「このままなんとなく人生が終わっていくのかな」ととても元気をなくしていた。そのとき、ふと自分が10代の頃に夢中だった「空手バカ一代」の世界が思い起こされた。「このままただの中年で終わりたくはない。どれだけやれるかわからないが、もう一度自分の中にくすぶっている〈生のエネルギー〉を燃焼させてみよう」。そんな覚悟で道場の門を叩いた。

道場に通うにしたがって、順調に体力も回復し、それに伴って気持ちのほうもだいぶ元気になってきた。

けれど最近、張り切りすぎて稽古中にアキレス腱を切り、空手の練習がまったくできなかった時期があり、「仕事以外の自分の活動ももう終わりかな」という絶望感でいっぱいになった。そんなとき、押尾コータローさんのアコースティック・ギターの音色がぼくを救ってくれた。今度は、ギターによって自分の生の充実感を求めたいという欲望が芽生えた。ギターを本格的に手にするのは久しぶりだったが、いまは、自分で楽しむくらいのレベルにはなんとか到達している感じがする。ギターの音色は、いろいろなことに悩みながらも自分は何になりたいのか、いったい何になれるのかといったことに一番こだわっていた頃、自分が生きることにまっすぐに向き合っていた10代の終わりの純粋さを思い起こさせてくれ、心の曇りを一時でも晴らしてくれる不思議な魅力がある。

ぼくにとって、空手とギターが仕事以外で「自己充実をもたらす活動」の最終的な形であるとは限らない。もう少し歳を重ねれば、また別のことに手を出してあれ

これ頑張ろうとしているかもしれない。

自分らしさを発揮できる活動をいろいろと試す中で〈生のあじわい〉を深めようとするあり方も、幸せを追求する一つの形なんじゃないかな。

幸福追求の具体的な形は人それぞれなのだと思う。

ある人は、仕事一筋といった生き方にそれを見出せるかもしれない。ある人は一つの（趣味的）活動と継続的に向き合うことによってそれを見つけようとする。またある人は、多面的な活動を通して自分らしさを発揮できる可能性を模索しながら、幸福を追求しようとするだろう。

大事なのは、それぞれのやり方で「自分にとっての〈ほんとう〉」を探し当てようとすることなんだとぼくは思う。それにはやはり、〈いま・ここ〉の自分のあり方をとらえ直そうとする思索的態度をベースにしながらも、考えあぐねているだけにはとどまらず何か自分から行動を起こしてみること、これが大切になってくる。自分の殻を少し破って何か行動を起こそうとすると、そこには必ず他者との出会いが待っている。他者と関わらざるを得なくなる。それがシンドイという人も多いだろう。でもそのシンドさをなんとか乗り越えなければ、「自分にとっての〈ほんとう〉」を手に入れることはなかなか難しいと思う。

そのために必要となるのは、**「あこがれ」**と**「現実」**を共に手放さないような心の持ち方、つまり、自分に課せられているある種の**「制限」**（自分の知的・身体的能力、経済力、住んでいる場所、家族との関係などいろいろ考えられる）と折り合いをつけながら、幸福を求めていこう、〈生のあじわい〉を深めていこうとする意欲を保ち続けるだけの心の柔軟性を失わないことだ。

はた目から見て仕事や家庭がうまくいって幸せそうに見える人、悩みやグチなどとは無縁に思える人、そういう人がいるかもしれない。

でも、生きて生活している限り、悩みや苦しみからまったく無縁の人なんているはずがない。ほんとうに幸せそうな笑顔で笑っていられるのは、生きている限り抱え込まざるを得ない「制限」や「挫折」を、それぞれの仕方で自分自身の中に上手に馴染ませながら、自分の〈あこがれ〉や〈理想〉を手放さない方向に自分たちの生を絶えず向かわせようとする努力をしているからだとぼくは思う。

〈いま・ここ〉の自分が置かれている現実を見つめながら、**〈生のあじわい〉**を深めていくためには、**自分の心のくせ**（すぐ他人と自分を比較したがるとか嫉妬深いとか、自分の弱点を人から指摘されるとすぐうろたえるとか）や自分の価値観のあり方を、やや距離を置いて見つめ直す**「精神的な構え」**が必要になる。

それが、幸福を「デザインする」ということのぼくの言っている意味なんだ。

PART 3

自分以外の人間を「他者」とみるわけ

第1章で、人間の幸福の条件として「自己充実をもたらす活動」と「他者との交流」の二つの側面が考えられること、第2章では、そのうち最初の「自己充実をもたらす活動」について見てきた。

じゃあ今度は、「他者との交流」の側面を考えてみよう。

「他者との交流」の側面は、なかなかやっかいな性質を帯びている。

「自己充実をもたらす活動」は、シンプルといえばシンプルな性質を持っている。というのは、自分で好きなものを見つければ、後は自分で自分の能力を磨いたり、ガンバリさえすればいいからだ。もちろん自分が好きなものはなにかをはっきりさせたり、それを継続的に磨いていくことは相当難しい。でもそのことを差し引いても、「他者との交流」の側面ほどのやっかいさは持たないのでは、とぼくは感じている。

「他者との交流」がどんなふうにやっかいかをみるためにも、最初にぼくがなぜ「自己充実をもたらす活動」がシンプルな性質を持っていると考えているのかを見ておきたい。

たとえば、ギターを上手に弾きたいと思ったとする。ギターを弾くには当然ギターがなければならない。しかしギターは決して手に入らないような高価なものばかりではなく、ごく初心者なら2、3万も出せば十分に買えるものもある。だからちょっと携帯代や飲み代を節約すれば、なんとか手に入れられるはずだ。次は、「練習」だよね。最初は弦を押さえる左手の指の先がたまらなく痛くなってくる。でもそれをがまんしながらあきらめずやっていくと、やがて簡単なコードは押さえられるようになるだろう。が、喜びもつかの間、FとかBmとかいうハイポジションコードというやっかいな押さえ方の壁に突き当たる。このFやBmがうまく押さえられないことでギターに挫折する人が多いようだが、諦めず練習を続ければ誰だって押さえられるようになるはずなんだ。ぼくは手が小さいほうだったから、最初は絶対にこんな形でコードを押さえられるわけないと思った。でも友だちに「あきらめなければ絶対できる」と励まされたおかげで、3ヶ月くらいかかってやっとできるようになった経験がある。そこをクリアすれば、簡単な曲の弾き語りくらいは誰だってできるようになるはずだ。

大学受験だって、ガンバリさえすれば、よっぽど高望みしない限り結果はついてくる場合が多い（何度もいうがこの「ガンバリさえすれば」ということが難しいのは承知の上で言っている）。

つまり「自己充実をもたらす活動」においては、基本的に自分との勝負、自分との闘いという要素が強いので、自分のモチベーションがしっかり持続できさえすれば、ある程度の結果は期待できる。

ところが「他者との交流」はそうはいかない。自分がどんなに努力しガンバッテも、なんの結果も得られないということだって多い。そこが「他者との交流」がやっかいな性質を持つということの最大の意味だ。

一番いい例が「恋愛」だ。自分が誰かを好きになるということだけだったらそう難しいことではない。でも「その好きな人」から、自分が好きであるのと同じように愛されることは本当に至難の業だといってよい。恋愛は、「ガンバレばいい」というものでもない。ガンバリすぎてかえって逆効果になって、相手から嫌われることだってある。志望校に合格するよりも、好きになった彼女と気持ちを通わせるほうが何百倍も難しいんじゃないかな。

「つながりそのものの歓び」を求めて、とにかく「いっしょにいられればそれで幸せ」なんて思っていても、相手はちっともそんなふうに思ってくれないことなんていくらでもある。幸運にも本当に好きな人と付き合えたり、ついには結婚できたからって、自分の愛する気持ちがい、つ、で、も、す、べ、て受け入れられるわけではない。ぼくなんか、たまに子供たちを実家に預けて奥さんと二人で買い物に出かけたときに、彼女と手をつなごうとして、「歩きづらいからやめて！」なんて言われて落ち込むことがよくある。


まあそれはいいとして、そもそも、「自己充実をもたらす活動」そのものが、実は「他者との交流」そのものを前提にしている場合が多いということも重要な点だ。その意味では、「自己充実をもたらす活動」は、「他者との交流」（とりわけ「他者からの承認」）とうまく結びつくことによってはじめて完成されるという面がある。

さっきのギターの例でいえば、自分なりにけっこう弾けるようになってきたなと

AQUARIUM

思うと、ほとんどの人が「自分の演奏を誰かに聞いてもらいたい」という欲求を持つはずだ。つまりギターを人に聞いてもらって、その人たちからの「承認」を得たいと思ったりするのだ。

けれど、他者という存在そのものが実にやっかいな性質を持つ。人前で曲を披露しようと思おうものなら、とたんに緊張が走っていつもの半分の実力も出せないなんてことはしょっちゅうあったりする。おまけに「上手でしたね」なんて褒められたとしても、相手の本心はどの程度のものなのかいまひとつ読み取れないことだっていっぱいある。

自分の考えや感じ方がどう相手に受け入れられているかなんて、最後までわからないことのほうが圧倒的に多い。

そういった意味で、**「他者」とは、「私」にとって謎だらけの存在**といえる。

「あなた」でも「君」でも「おまえ」でも、また「彼」や「彼女」でもない、「他者」という言葉。なんかよそよそしい感じがするかな？　普段の会話でもあまり使われない言葉だし。

例えば「他者」とよく似た言葉として「他人」という言葉があって、これは普通に使うよね。でも他者と他人はイコールではない。他人は「他者」の一つの種類で「見知らぬ他者」と言い換えられる。だから逆に他人ではない他者、「身近な他者」という言い方もあるっていうことだ。

他者という言葉が持つ「よそよそしさ」が、これからぼくが述べようとすることにとってとても大事なポイントになる。それは、

バランスのとれた「よそよそしさ」は、人とほどよくつながるための必須条件だ

ということ。

これだけじゃよくわからない？

それはそうだよね。じゃあ順を追って説明していこう。

まず、「バランスのとれたよそよそしさ」という言葉でぼくが何を伝えたいのかということから。

普通「よそよそしい」ということは「親しさ」の反対語のように思われている。他人行儀なこと、薄情なこと、つまりあまり人に対して心を開かない、その意味でとても〈冷たい〉人間関係をイメージする言葉のように理解されている。

でもぼくはこの**「よそよそしさ」**を、あえて人と人とが「親しさ」や「信頼」を長く深く作り上げていくためのキーワードとしてとらえ直したいと思っている。

まずは世間ではあまりよく思われていない「よそよそしさ」という言葉を投げかけることによって、「親しいことは遠慮なくなんでも気分や考えを共有することだ」という世間の常識に疑問を投げかけてみたいのだ。

じゃ次に、「他者」という言葉について詳しく見てみよう。

その定義：**自分以外の人間はすべて「他者」である。**

見知らぬ他人はもちろんのこと、自分の身近にいる人たち——友人や知人あるいは家族でさえ「他者」なのだ、というのがぼくの言いたいことのポイントだ。

少なくとも中学生とか高校生とか、まだ経済的自立までは遠くても、自分の自我のあり方を少しずつ考え始めた年齢になれば、家族だって「他者」なんだという意識を持ったほうが、かえって関係がスムーズにいくことが多い。家族もまた「他者」なんだということに違和感を持つ人がいるかもしれない。でもやっぱり家族も他者なのだとぼくは思うし、そうとらえたほうがかえって親しい関係がうまく作れるのではないかというのがぼくの考えだ。

それはなぜか?

まず、他者であるということはなにより自分と相手は「違う」存在だ、ということを意識するということだ。

もし、身近にいる人たちが自分と「同じ」であると最初から思っていたらどうなるだろう。自分の考え方や感じ方をそのままわかってほしいと思うよね。ところが、たとえ親や恋人であっても、自分をそっくりそのままわかってくれたり、受け入れてくれることはほとんどないはずだ。自分と相手（の価値観や感じ方）は同じはずだと思っていると、自分の思いどおりに自分のことを受け入れてくれない相手の態度は冷たいものに思える。君はそのことに「傷ついて」しまう。

「自分のことをぜーんぶわかってくれるはずだ」というところから出発して人とつながりを作ろうとすると、相手が自分の思いどおりの理解や態度をとらなかったとき（つまり自分の期待がはずれたとき）、「どうしてぼく（私）のことをわかってくれないんだ。こんなに身近なはずなのに！」といった失望や苛立ちに襲われたりする。親子喧嘩や夫婦喧嘩の根っ子には、こうした相手に対する「期待過剰」があるんじゃないかな？

家族や親友といった「身近な人々」だって「他者」と考えたほうがよいというぼくの見方は、親しさの感覚を否定されたような気がして違和感を感じる人がいるかもしれない。でもぼくが言いたいことは親しさの感覚を否定することじゃない。むしろ身近な人たちと、より深い親しさの感覚を味わうためにも、「他者」という考え方は大切だということなんだ。

どんな親しい相手をも「他者」と感じるということは、違う表現をすれば、相手との「距離」を感じとるということ。この場合、「距離」とはただ遠くに隔てられているということではなく、**適度な「距離感覚」**を意識するということだ。ゲオルク・ジンメルという19世紀のドイツの社会学者が、他者との距離感覚について、いろいろ参考になることを述べている。*

距離がなければ逆に「親しさ」も感じられるはずはないんだ。

だって、親しさというのは、自分自身とは隔ててあるはずの存在、なんらかの距

*この点について詳しいことは、ぼくが書いた『ジンメル・つながりの哲学』（ＮＨＫ出版、２００３年）を参考にしてほしい。

離がある存在が、自分の近くに感じられるという感覚だからね。「身近さ」というのはつまりそういうことだとぼくは思う。

でも、適度な「距離感覚」がどういうものかを具体的に指し示すことはできない。一人一人の人間の個性やお互いの関係の作り方の具体的な場面、場面によっても、それは異なるからだ。でもそうした他者との「距離」というものが大切であること、自分と相手との距離感覚をどこか頭に入れておくということはとても大事なことだと思う。

そして身近な人々だけではなく、もっと縁遠い人から駅前や商店街の雑踏ですれ違うだけの見知らぬ他人に至るまで、ぼくたちは無意識のうちにさまざまな距離感覚を保ちながら日々を送っていることに気がつくだろう。

たとえ身近な人たちとのつながりであっても、自分にとって彼らが「他者」であるという意識や、自分と相手にとって**心地よい距離**とはどのようなものであるかということを「なんとなく」意識していることは、とても大事なポイントだと思う。ただ相手との距離のとり方ばかりにとらわれすぎると、逆に疲れてしまうこともあるからその点は注意しないとね。

いまぼくが使った「なんとなく」という言葉。かなりいい加減な感じがするけれど、けっこう大事な心の動かし方なんだ。相手との「距離」のことばかり気にしすぎて精神的に気詰まりを起こすのではダメだし、相手と自分との「違い」にまったく配慮を払わず間合いを無視してしまっては、他者とのいい関係はできないからね。

「他者」と「他人」の違いって？

「他者」という言葉が帯びているニュアンスについてもうちょっと突っ込んで見てみよう。

数年前の大学の講義で、「中間レポート」のような形で私の授業へのコメントを書いてもらったときのことだ。いまでもはっきり記憶に残っている一人の学生（2年生、男子）が、だいたい次のような内容のコメントを書いてくれた（残念ながら研究室の引越しに紛れてそのレポートはいまぼくの手元にはないのだが、いまでもはっきり覚えている彼自身の言葉は「　」で表す）。

《先生の講義は、身近なことから社会のしくみや働きを説明してくれるのでとてもわかりやすく、ぼくは毎回楽しみにしています。しかし、いままでの講義の中で一つだけどうしても「納得ができない」ことがあります。それは先生が使う「他者」という言葉についてです。

先生は家族や友人なども含めて「他者」という言葉を使っているようですが、ぼくにはそれがどうしても納得できません。とりわけ自分にとって「家族」が他者であるとはとうてい思えません。とくに現在高校2年生である妹のことは小さい頃からとてもかわいがっていて、他者なんて言葉を使う気にはとてもなれません。

その妹についてなのですが、最近ちょっと心配なことがあります。この頃妹もかなり「色気づいてきて」、制服のスカートもだいぶ短くなり、自分も注意したりしています。また男子の高校生からも時々電話が家にかかってきて（注：当時はまだ携帯電話がほとんど普及していなかった）、自分が電話に出たときは「もう妹には手を出すな」となんとか妹を「守って」います。しかしこの頃頻繁に電話をかけてくる男がいたので、「妹が危ない」と思い、呼び出してちょっと「絞めてやりました」

家族をも「他者」に含めて考える先生のとらえ方は、やはり間違っていると思います。》

（注：これはやりすぎだよねー！）。

いまでも忘れられないレポートの一つなので、授業で時々紹介している。兄貴が妹に対して持つ気持ちというシチュエーションだからちょっとインパクトが強すぎるが、父親が娘に対しての心情としてはけっこうありがちな話になるのかもしれない。とはいえ、これはやはりどう考えても**「心地よい家族関係」**とはいえないとぼくは思うんだ。

この場合の問題は、兄（または父）が自分の妹（または娘）を「他者として認めていない」ということに尽きると思う。

〈私が自分の欲求の実現を求めるのと同じように、相手も自己の欲求を追求する権利を有した「もう一人の主体」（これらが「他者」という言葉の意味の核心だ）と

して相手の立場を認める〉という認識が、彼には決定的に欠けているわけだ。

でも確かに、「他者」という言葉がなにかよそよそしい感覚、「他人行儀」な語感を帯びていることもまた確かだ。

じゃ「他人行儀」ではない感覚を日本語ではなんと言うのだろう。真っ先に思い浮かぶ言葉は、おそらく「身内」だろう。身内とは「身の内」つまり自分の体の一部のような感覚だから、「他者」という感覚とは対極にあると考えられる。

ぼくはここで、「身内」感覚は間違いで「他者」感覚が正しいといったことが言いたいんじゃないんだ。たとえ家族であっても他者という感覚をお互いに持っていたほうが、「いまの時代」では関係をうまく作っていける可能性が高いと思っているということだ。

いま「いまの時代」と言ったのだが、〈身内感覚よりも他者感覚〉という考え方は、時代の移り変わりと大きく関係しているというのがぼくの考えだ。

かなりラフな言い方になるが、日本社会のあり方が「共同体的（＝ムラ的）関係」から「ルール社会的関係」へ変わってきたということが、どのような心情を核として身の周りの人たちと関係を作ったらよいのかということに大きな影響を及ぼしているとぼくは考えている。

共同体的関係というのは、もっとわかりやすくいえば「ムラ社会」といった言葉で表されるような関係だ。かつての日本における「ムラ」は、村人の多くが、農業を主な生業《なりわい》とした自給自足が中心で、しかも「よそ者」が出入りすることも自分たちが外に出かけていくことも少ない、ひじょうに「同質的な」社会だったと考えられる。そこでは「他者」という感覚が入り込む余地はないだろうし、またその必要もなかっただろう。

もちろんいまはそんな時代ではない。隣に住んでいるのは誰なのか、仕事は何をしているのかがわからないなんてことも都会ではザラにある。

こうした場合、「ルール」というものがとても大切になるとぼくは考えている。「ルール」とは、関係を持つそれぞれの人間が自分の欲望の実現を少し制限することによって（つまりルールを守ることによって）、それぞれの身体的安全性や自分の欲望の実現の確実性とを保障するためのツールなのだ。

交通ルールを例に考えてみよう*。

なぜ、交通ルールを守らなければならないか？　誰だって目的地までは早く着きたい、信号が赤だからといって止まりたくなんかない、またお酒を飲んでいたって車は便利だから運転したいという人だっているだろう。でもそれをみんながやったらどうなるだろうか？　もちろん事故が多発する。事故に巻き込まれれば、自分の身の安全が危険にさらされる。そのうえ、「早く着きたい」という目的自体が達成されなくなる。みんなが交通ルールを守ることによって、結果として、安全にしかも確実に目的地に到着したいという個々の欲望の実現が保障されるのだ。

じゃ、今度は交通ルールがないとしたらどうだろう。交通ルールがない場合に、安全にしかも目的地に早く着きたいという欲望をかなえるにはどうすればいいかをシミュレーションしてみよう。

まず、自分だけが他の人間とはまったく違う「特別な存在」になること。近代以降のルール社会の原則は、「ルールの下に人は皆対等である」ということだけど、その原則を超越した存在になってしまえればそれを守る必要はなくなる。でもこれは、「私自身がルールだ」といった絶対君主や独裁者ならできるだろうが、普通の生活を送る私たちにはまず不可能な想定だよね。

絶対君主や独裁者のような「特別な存在」になれないなら、次に考えられるのは、自分で身の保全や目的達成のための「装備」を完璧にすること。他の車とぶつかってもびくともしない装甲車みたいな自家用車を開発したり購入したりするようなことだ。他の車が近づいてきたらそれを蹴散らし、こちらが道を自由に通行できるための重火器を装備できれば言うことはない。でも、相手も当然そうした装備をしてくるだろうから、道路はまさにホッブスがいう「万人の万人に対する戦い」の場と

＊交通ルールは、一方で「道路交通法」という成文法によって正当化された社会全体の「公認のルール」なのだが、他方でその運用にあたっては社会のメンバーの「暗黙の了解」に任せられている面も多く（制限時速と実際の車の速度との関係など）、社会的制度が持つ厳密さと慣習的なあいまいさを合わせ持っており、社会的ルールの現実を示す代表例の一つだとぼくは考えている。

なる。秩序なき「無法地帯」では、自分も好き勝手ができるかもしれないが、同じように他の人たちも好き勝手してくるわけで、個々の欲望がぶつかり合うきわめて「リスキーな」状況に身を投げ出されることになる。そこでは、より力の強い者だけが自分の欲望を実現できる可能性をつかみ取る、まさに「弱肉強食」の世界が展開されるのだ。

だから、「ルール」とは、さまざまな欲望を抱えた多様な多くの人たちが、相互の「妥協」と「許容」とを核としながら、それぞれの欲望の自由な実現をなるべくお互い最大限に保障し合うための非常に重要なツールとなる。

平等なルール設定とは、①ルールの決定に対して、それを守るべきメンバーが同等の決定権限を持っていること、②ルールの下では、すべてのメンバーが対等であること、③このルールを一定の仕方で守っている人は、その社会のメンバーとして認められることを原則としている。* それは、個々の人間が他の人間の活動となるべくぶつからない形で「自由な活動」を追求するための知恵なのだ（けれど、「異なる人間が共存しながらそれぞれ自由を追求するための共通了解のツールとしてルールは存在する」という感覚〈ルール感覚〉は、なかなか育ってきていないのもまた事実だ）。

1960年代の高度経済成長期は、「会社」が社員とその家族の生活を丸ごと抱えるような形で、そうした伝統的な村の代わりに庶民の「同質性」を支える社会的装置となっていた。しかし80年代以降の現代では、そうした共同体型社会のあり方は完全に崩れてしまった。

地域社会は、共同生活と共同生産の場としてのかつての人と人との結びつきを急速に失ってきたし、会社は、勤める人たちやその家族の面倒を一生見てくれるような社会的装置ではなくなっている。一方、不況がこれだけ長引いているにもかかわらず、日本の消費文化は多様な商品を私たちに提供し続けている。ぼくたちの価値観や嗜好性はますます多様化し、隣の人や友人だって自分と同じような考えや感じ

＊「ルール社会」としての近代の特質については、竹田青嗣さんと西研さんの対談集である『よみがえれ、哲学』（NHK出版、2004年）を参照してほしい。

方をしているという保障はどこにもなくなっているのだ。

一言でいえば、人と人とのつながりに対するぼくたちの態度の取り方をめぐって、「同質性」をベースにしたものから「**異質性**」（＝異なる欲望の実現をそれぞれに求める個人としての性質）」をベースにしたものへとシフトチェンジせざるを得ない客観的状況があるということだ。

だから社会の変化を考えたとき、「異質性」を前提にしながら、より心地よいつながりを作るにはどうすればよいのかという発想が大切になるとぼくは考えている。人々が「同じであること」に期待してつながりを作るよりは、**「違っていること」を前提としながら**、その異質性をベースにつながりや信頼を作っていく知恵と楽しさを求めていくことが、きっととても現実的な考え方なんだと思う。

こう言ったからといって、「人は皆他者だから心が通じ合うことはない」といった諦めの態度を勧めているわけではない。他者への信頼を否定する「ニヒリズム」からは何も生まれない。ぼくが主張したいのは、違う人間であることを前提に出発したほうが、「親しい間柄」や「信頼できる関係」をどのように作っていけるかということを丁寧にとらえようとする「配慮ある関係」が作れる可能性があるのではないか、ということだ。

他者であることを比較的簡単に認識しやすい「他人」との関係はむしろ態度がとりやすい。逆にけっこう難しいのは、友人（特に親友）や家族といった親しさ（親密性）を基本にした関係なのではないだろうか。

思春期を過ぎて自分の「自我」というものがそれなりに芽生えはじめると、とりわけ家族との関係というのはけっこう難しくなったりする。親が子どもに要求する親と子の一体的親密性は、子どもにとってはだんだん重荷に感じられたりする。それよりは、むしろ「他者性」を基本にした「親密性」を求めていったほうがうまくいくのではないか、とぼくは思っている（実際はなかなか難しいけどね）。

結局のところ、家族との親密な関係を「**他者性**（＝お互いに他者であるという本質的な性質）」を基本に作っていくことが一番難しいのかもしれない。

だから、

「家族」が他の人間関係と本質的に違うところは、どこか？

ということについて最後に考えてみよう。

ぼくはさっき、〈たとえ家族や親友のような「身近な人々」であっても、「他者」であるというとらえ方をすることがとても大切だ〉ということを言った。

でも、よーく考えてみると、いろいろとある親密な関係の中でも、「家族」は、他の人間関係にはない独自の特徴を持つ。

大学の授業の中で、２年生の女子学生が次のような指摘をしてくれた。

「家族以外のあらゆる人間関係は、お互いを知らないことを前提としてそこから親しくなり、距離が縮まる中で徐々に〈知らない部分〉が減っていくのに対して、家族関係だけは、お互いが（特に親が子に対して）よく知っている（つもりな）ところから出発し、次第に「距離」が生まれ、（親子とはいっても）実はよくわからないところが出てきて、それが親子関係を難しくしているんじゃないでしょうか」
その意見を聞いたとき、「ホントにそのとおりだなぁー」とぼくは思った。

家族以外の他のあらゆる関係は、離れた状況から接近し、でも接近しすぎないところに適度な距離を模索するという、いわば「遠」から「近」へのベクトルを描く。しかし家族は、互いに接近した状況から出発してあまり離れすぎないポイントを模索し、距離がありながらも親密な関係を維持できるような距離感覚を求める（「近」から「遠」へのベクトル）。しかも子どもの発達段階によって、適度な距離とはどの程度のものかについて絶えず変化が生じるわけであり、また子どものパーソナリティによっても適度な距離感覚は違うというやっかいさを抱えているわけだ。

このことが「家族関係」が親しい関係であるからこそ難しいということの大きな要因でもある。特に親は「自分の子ども」という意識が強く、いわゆる「自分の所有物」の感覚をついつい抱いてしまいがちだ。けれども成長するにつれて子どもは「自分自身（自我）」を持つようになり、親にとっては「他者」となっていく。子どもから見ても親はしだいしだいに「自分のことを100%わかってくれるわけではない」存在、その意味で「他者」であると感じられるようになることが多い。

ここで**「他者としての親密性」**というキーワードを用いて、子どもが思春期以降になって変化する親子関係についてさらに詳しく考えてみよう。

「他者との距離」ということをテーマにレポートで次のようなことを書いてくれた大学1年生の男子学生がいた。

彼は、小学校の高学年のとき、夕食の時間に「家族もやはり他人だよね」と言って、母親から「バカなことを言うもんじゃない」ととても怒られたことがあるという。そのときは、「自分のこんな考え方はやっぱり間違っているのかな」と思ったが、しかしその思いは打ち消しがたいものだったので、心のどこかにずっと「引っかかり」があったようだ。

彼は言う。

「もしあのとき、「他人」という言葉ではなく、「他者」という言葉を知っていて、それを使って説明できれば、自分の言いたいことがもっとうまく表現できたと思う。家族は「他人」ではないけれど、「他者」であるとぼくは考える……」

たとえ親子であってもそれぞれ違った考え方や感じ方を持つようになるのだから、その点を少しずつ認めてほしいというのが彼が言いたかったことなのだと思う。でも、彼のお母さんは、「他人」という言葉が持っている「よそよそしい」とか「親しくない」といったニュアンスに過剰に反応してしまって、彼が言いたいこと（＝家族の情緒的つながりを否定するわけではないが、子どもである自分の価値観や考え方を認めてほしい）の真意をうまくつかみきれなかったのだろう（もちろん小学生である彼が、自分の言いたいことをきちんと筋道立てて話すことができるわけはないのだから、彼が言葉足らずなのはしかたがない）。

子どもは親の作った家族から少しずつ離れて自分なりの世界を作っていこうとする〈自立志向〉を持つ。けれども親は、ついついいつまでも自分の子どもを手元に置いておきたいという〈包摂志向〉を持ってしまう場合が多い。親子の発想の根本的ズレがそこにあるんじゃないかな。

いわゆる「思春期」の頃って、「反抗期」とも呼ばれるよね。

それまで、親の価値観にすっぽり包まれて生きてきた子どもたちが、自分や自分の友だち集団の価値観や振る舞い方を主張しはじめる時期だ。言葉を十分に使いこなせるまで成熟していない彼らは、ときとして直接的に身体的な自己主張（親や周りの人に乱暴な言葉をはく、暴力的にあばれる）などをするかもしれない。彼らが身体を通して伝えようとしているメッセージはおそらく、「自分を「他者」として（つまり親とは違う一人の独立した人間として）認めてよ」ということなんだと思う。

親の身になれば、こうした子どもの振る舞いにかなり戸惑ってしまうのは、しかたがないことなのかもしれない。

子どもがまだ小さかった頃の甘い記憶が、一人の大人として成長していく過程でみせる子どもの乱暴な自己主張にどう対応していったらよいのかを見えにくくするんじゃないかな。「あんなに可愛かったウチの子がどうして⁉」なんてね。でも親が動揺しすぎて、同じように反抗期の子どもに「反抗」してしまったら、家庭が持つ親密なつながりは崩れ去ってしまうように思える。

親は、自立していこうとする子どもたちに対して信頼感や安心感の基盤を失わせないために、つながりの「潤滑油」を絶えず醸成しながら（子どもに対して「最後はお前を信頼している」といった愛情のかけ方）、親子の間に他者としての親密性が徐々に作り上げられていく土台を準備してあげることが大切なのだと思う。それは「甘やかし」とは決して違うものだ。

大人としての親が、反抗期の子どもを前にしても、親密さの基礎を支えられるような成熟した態度を示すことができることによって、思春期の頃は精神的余裕もなく自分の感情を親に直接ぶつけてしまった子どもであったとしても、成人になって親子関係をすこし冷静にとらえ直せる余裕ができてきたとき、親に対して「他者としての親密性」を持てるようになるんじゃないかな？

子どもが乳幼児の頃は、体全体丸ごと受け入れてあげるような「可愛がり」はとても大切だと思うんだ。イギリスの社会学者ギデンズは、幼児が両親や周りの大人から可愛がられることは「存在論的安心感」を育み、成長してからの本人の自立心

の核となると考えているようだ。

でも難しいのは、そうした可愛がりだけではダメで、子どもが成長するにつれて親が子どもとの距離を少しずつ調整しながら、適度な距離を徐々に作っていくことだと思う。ロケットの燃料の切り離しではないけれど、子どもの「生のエネルギー」の燃料である親が、子どもの成長の段階に応じて身体的にも精神的にも少しずつ子どもから離れて「見守る」というスタンスをとることによって、子どもが自分自身の生エネルギーを充実できるようにサポートすることが大切なのだろう。

子育てって、一言でいうと「子どもが自分の力で生きていけるように、親が一生懸命手をかけること」なんだと思う。

離れていきながら気遣う、一見すると反対方向の力に見える配慮の形式が、子育ての基本になきゃならない。

思春期以降の親子関係においては、「子どもが親からどう自立するか」という視点も大切だが、「親が子どもをどう自立させることができるか」ということがとても大事なんだな、と自分が親になってはじめてわかった（そしてそれが難しいことも）。

親が子どもをかわいいと思い距離を縮めようとするベクトルと、親に頼らず自分の力で生きられるように子どもから距離をとろうとするベクトルとの間を、上手にバランスを取りながら、子どもに対する態度を少しずつ変えていくことがポイントになるのだろう。

子どものほうも思春期を過ぎた頃からは、あまり親の理解や共感を期待しすぎないように、親との関係を距離化し、相対化することも考えなきゃいけない。

そのためには「他者性」という感覚がやはりキーを握っていると思う。

「夫婦」の場合はどうだろうか？　夫婦は、血のつながりのある親子とは違って、最初は赤の他人どうしが生活を共に始める関係なわけだ。だからまずなにより必要なのは、「この人となら長い人生を共に歩んでもいい」といった信頼感と安心感だろう。「新婚期」に象徴される生活と性愛の二重の密接な関係は、親子以上の親密な関係を夫婦に与える。でもお互いの距離がグッと縮まって、たとえば距離がゼロであり続けることを夫婦関係の理想と考え、親しさを距離がゼロの関係だと理解しようとする夫婦はきっと長続きしないのではないだろうか？

距離が縮まることを求め合う時期から、やがてお互いの適度な距離を模索し合わなければならない時期（結婚の安定期とでも言ったらよいのだろうか）に必ず移行することが、夫婦生活を長く保つには必要なことだと思う。ここでお互いの距離感を適度に保つことを模索できないと、「夫婦はしょせん赤の他人どうし」という言葉がリアリティを持つような冷たい関係になってしまうかもしれない。

「パートナー」という言葉が重みを持つのはこうした時期からだろう。パートナーという感覚は互いの持ち分を尊重しつつ、一人では得られない関係の味わいを作り上げるための知恵だと思う。「夫婦は互いにパートナー」という言葉が、「男女平等」といった運動理念の単なる表明にとどまるとしたら、それはあまりにも寂しい。互いへの**気遣い**や**配慮**といった親密な感覚を保ちながら、心地よい距離感を持って（つまりお互いの「他者性」を尊重しあいながら）関係を保ち続けること――そのことが、夫婦における「パートナーシップ」の核だとぼくは考えている。

「他人」ではないけれど、お互い「他者」としての性質を認め合い、しかも「親密性」が保たれているような家族の作り方がいま求められているのだと思う。昔のようにに考え方や感じ方の違いがほとんど許されない「同質性」を基にした親しさというよりは、考え方や感じ方の違いがありながらも、互いに家族としての配慮を欠かさない信頼感と安心感を保ち続けることが、「他者としての親密性」の中味だと思う。

家族に限らず、親しい友だちや信頼できる知人なんかでも基本的には同じことが大事になるんじゃないかな。

親しさ、信頼感、安心感を育むためにこそ、お互いの他者性を尊重するといった意味での「他者としての親密性」の感覚を大切にすること。こうした感覚が、いまの時代には強く求められているようにぼくは思う。

PART 4

よそよそしい「社会」を自分にどう馴染ませようか？

これまでぼくは、「社会」という言葉をあえてなるべく使わないようにしてきたのだけれど、実は幸せの条件を理解する際に、「社会」についてあれこれ考えることは避けられないことだと思っている。

「自己充実をもたらす活動」にしても「他者との交流」にしても、結局それは「社会」との関わりで、あるいは「社会」の中で追求されるわけだからね。

「社会」って言葉、知らない人はいないよね。でも「社会って何？」ってあらためて聞かれるとちょっと戸惑ってしまわないだろうか？

と書いているうちに、

「社会について考える」ってかなり特別なこと？

いま、ふとこんな疑問が湧き起こってきた。

自己紹介がすっかり遅れてしまったけれど、ぼくは大学で「社会学」を教えている教員です。
社会学と付き合い出してからもう20年以上も経ってしまったぼくにとって、社会についてきちんと考えてみることは、仕事柄ごくごく自然なことになっている。でも普通に暮らしている大部分の人たちにとっては、そんなに自然なことではないよね。君が友だちや家族といった親しい人たちと話をするとき、この言葉をどれくらい使っているだろうか？　「社会」という言葉は、「誰もが知っているはずなのにお蔵入りになっている言葉」の代表みたいなものかもしれないね。

すごく社会を意識して生活している人ってどんな人だろう。ＮＨＫの「7時のニュース」やもっと遅くから始まる民放のニュース番組なんかを毎日欠かさず見ているような人。新聞の投書欄に「今度は何を書いて送ろうか」なんてテーマ探しをしている人――確かにいるにはいるかもしれない。でもぼくの周りにはそういう人はなかなかいない。この頃は新聞を購読している学生の数もめっきり減っているからね。しかもたとえ新聞をとっている学生であったとしても、その大部分の人は「毎日は読まない」だって（なんかとてももったいない）。まっ、学生さんたちもいろいろ忙しいだろうからしょうがないか？
ドラマや映画を見ながらでも、社会についてあれこれ考えてしまうぼくは、やっぱり職業病なのかもしれないな。

でもね。実は多くの人の中に「社会」というものに対する漠然としたイメージが必ずあると思うんだ。そのイメージが、自分たちが身の周りの世界と関係を作っていこうとする際に、案外大きな影響力を持っているとぼくは思っている。

だから、さっきの「問い」、

「社会っていったい何だろう？」
「どういうときに社会を感じたりするだろう？」

ということを、君たち自身にもちょっと考えてみてほしい。
漠然とはしていても、きっと君たち自身の中にも社会に対するイメージがあって、それが自分の振る舞い方にけっこう大きな作用を及ぼしているかもしれない。

で、考えられるイメージ、その一。

「社会」って聞くとなんとなく窮屈で息苦しいイメージを持ってしまうという人がいると思う。「抑圧感」っていうのかな、決められたルールを守らされたり、自分がやりたいことを我慢して人に合わせたり――そういう感じが「社会」という言葉にはついてまわっていることに敏感な人たちがいる。こういう人たちにとって、社会とは自由を抑圧するシステムにほかならない。社会の外に出ることでしか、自分らしさや自由を実現できないと感じているタイプだ。

日本のシンガーでいうと、あの尾崎豊がまさにこうした心情を余すところなく表現していた。いまでも尾崎の人気は高いし、彼はすごいシンガーだとぼくも思っているけど、「大人社会」にノーと言い続けようとした尾崎は、大人になって生き続けることはやはりできなかったのだと思う。

10代の終わり頃までは、こうした反社会感情を保ち続けることはできても、人間が「生きる」ということは、いやがおうでも「大人」にならなければならないわけ

で、「大人社会」への反抗という反社会的なイメージを核に生活をし続けることは、とてもつらくなってくるんじゃないかな？

二つ目のイメージ。

社会は私たちの暮らしを支える根拠を作っている、社会があるからこそ私たちは安心して生活できる――だいたいこんな感じでイメージしている人たちがいる。社会について窮屈さとかよそよそしさとかを感じていない人たちだ。きっと温かい家庭に恵まれて、楽しい学生生活を送ってきたのだろうね。学生たちと話していて、こういう感じで社会をイメージしている人は確かにいる。でもどちらかというと少数派かもしれない。

三つ目のイメージ。

右の二つのイメージの両面を合わせ持って感じている人たちもいる。

「社会は、私たちが生きていくことを支えてくれていると同時に、私たちの行いや欲求を制限したり、コントロールしたりする性質を持つ。社会を離れて私たちは生きることはできないが、社会の中で生きるにはいろいろ我慢しなければならないこと、自分の思いどおりにならないこともまた多い」と考えている人。こうした言い方をする人に出会うと「けっこう深く考えているんだなぁ」と感心させられる。

それぞれの実感から出てくる答えなので、どれが正しくてどれが間違っているということではない。

だからといって「どれもみなもっともです。よかった、よかった」ではなんとなく面白くない。そういうのを「相対主義」（みんな人それぞれで、どれが正しいとかよいとか優れているとかは決められないという考え方）的態度って言うんだけど、あまり相対主義を徹底すると、「人は人、自分は自分、みんな勝手に好きなことしてればいいんじゃない」っていうカサカサした関係しか残らないことになる。〈「社会とは何か」なんて人それぞれいろいろな考え方があって、どれが正しいなんてことは言えない、だから考えてもムダだ〉ということになってしまう。

そうではなくて、どんな形で社会について考えを進めていけば、自分をとりまく

世界とそれなりに折り合いをつけながら、自分らしさを失わない形で〈生のあじわい〉を上手に引き出せるだろうか？　それを考えてみたい。そのための社会イメージというのは、案外くっきりとした形で取り出すことができるんじゃないかなとぼくは思っているんだ。

で、ぼくなりの考え方を説明してみよう。

ぼくにとって「社会」とは、自分が他の人間とつながりを持ちながら自分自身の生の可能性を確かめていく場だとイメージされている。そして「社会」は、ぼくたちが生きていくことを息苦しくするような性質と、ぼくたちが生きていくことを支えていくような性質とを「合わせ鏡」のように持っていると感じている（だからさっきの3番目のイメージにとても近い）。

ぼくが感じている二つの性質は、けっこう多くの人に納得してもらえるんじゃないかと思っている。とりわけ自分の考えや生き方のスタイルを模索しはじめる10代の後半くらいには、社会が持つ「息苦しさ」に敏感になる人が多いかもしれない（ぼくもその頃は社会に対して息苦しさを感じていた）。そういう人たちはたいてい、

「社会」というものをなにか自分の前にどーんと立ちふさがる巨大な壁のようなもの、あるいは自分や他の人間を部品みたいにして成り立っている巨大なメカのようなものとしてイメージしていることが多い。マックス・ヴェーバーというドイツの社会学者が、「社会」が帯びるこうした抑圧的性格を、「鉄の檻」という言葉で表現している。

それでは社会を〈いま・ここ〉で繰り広げられる人と人との**「つながりの網の目」**として理解してみたらどうだろうか。「つながりの網の目」として丁寧にとらえ直すことによって、自分の生きるあり方が社会や他者によって支えられている側面も見えてくるはずだ。いたずらに社会に否定的なイメージを持つのではなく、社会のどのような性質が、私たちが生きていくことを息苦しくするかをはっきりさせるためにも、どのようにして社会（そして他者）とつながりを持つようにすればいいのかについて、ぼくたち一人一人が考えをすすめることが大切だとぼくは思う。

次にぼくが「どういうときに社会を感じるか」というと、家族との関係、勤め先での人との関係、あるいは車に乗って交通ルールを意識しながら運転しているとき、目に見えないルールや制度についてあれこれ考えなければならないとき、つまり他者、ルール、制度、そういうものをすべて考えたり感じたりするとき、「社会」を感じていると思う。

だいたいこんなところ。もっとシンプルに社会の本質について語ればいいんだけどね。あらためて思うけど、ぼくは「社会」という言葉にとりわけなじみの深いところで生活しているんだな。なにせ「社会学者」だからね。でもね、君だって、普段は社会なんて言葉を意識しないで暮らしているかもしれないけれど、きっとどこかで社会に対する〈ひっかかり〉みたいなものを持つことだってあるはずだ。

例えば大学進学や就職活動など、「進路」を決めなくちゃならないとき。「社会」という言葉そのものを意識するかどうかは別だけど、なんとなく「社会のようなもの」を意識するよね。例えば「社会人」なんて言葉もある。

社会を別の言葉で表せば「ルール」や「制度」という言葉が一番ぴったりだと思う。

ルールとは、複数の人間の行為を調整する決まりや規則、そして制度とは、複数のルールから成り立っているしくみのことだ。だから社会とはルールの束であり、制度という形を持ってぼくたちの生活に関係してくるのだ。

ぼくたちは「自由」な存在だ、あるいは自由な存在であるべきだなんていわれるけれど、自分の好き放題に振る舞える人間なんていない。

バイクを飛ばして急いで彼女に会いに行きたくても、信号機があればそれに従わなくちゃいけない。青は進んでよい〈「進め」ではない、進行しても大丈夫な場合に進むことができるという意味だ〉、赤は止まれ、黄色は……、あれ、黄色はなんだ？　ぼくの中では〈注意しながら進め〉だけれど、ちょっと自信がないなと思っていたら、最近になって妻のお父さんが「黄色はいまのルールでは、「イエローストップ」、注意しながら止まれだよ」と教えてくれた。お義父さんはとても安全運転なんだ。

で、とにかく交通ルールは守らなきゃならないことになっている。

交通ルールは、ぼくたちが社会を成して生きていることを実感できるいい素材だ。

交通ルールを破ればルール違反として罰せられる。その根拠となるのが「道路交通法」という法律だ。交通ルールは複雑な法規則の体系としての制度に裏打ちされている。

でも結局ぼくらは交通ルールで「縛られている」からこそ、逆に安心して安全に目的地まで行くことができる。

たとえば、君が何か社会に役に立つような仕事に就きたいと考えているとする。人の命に直接関わる仕事、「医師」という職業を望んだとしよう。

そのためには大学の医学部に入学し、数年間の専門的な訓練を経て医師の国家試験に合格しなければならないという社会の「ルール」を受け入れなければならない。たとえ、医学部で成績が優秀で医師としての実力を身につけたとしても、「医師免許」がなければ医者としての活動は社会的には許されない。医師免許をもたない「ブラック・ジャック」は、どんなに外科医としての技術はピカ一でも、人の「命」に対する強いこだわりを持っていても、社会の表舞台では決して活躍することはできないのだ。

ぼくたちの欲望は、社会的ルールの束としての社会的制度によって常に方向づけられている。このことは、自分の欲望のあり様に〈制限や限界〉を与え、ぼくたちが生きていくことをとても息苦しくするように思える。ところが、よく考えてみると、欲望の社会的方向づけという事実は、自分の欲望を具体的な形にするための〈見通し〉をぼくたちが持てることの前提にもなっている。「お医者さんになるためには、大学の医学部に入り、国家試験に合格しなければならない」という社会の制度としての性格は、「じゃあ医学部に入学するためにがんばろう」という自分の生きる目標みたいなものの設定を容易にする。

「自分は〜したい人間なんだ」という自分の欲望について、はっきりとわかっている人の場合は、いま言ったような自分と社会との回路づけが、よい方向でしっかりと取れる場合が多いだろう。自分が何をしたい人間なのかがはっきり見える「強い人間」は、社会とのつながりを自分なりにきちんと理解することができている。だから自分の生きる目標をしっかり定め、強い意志を持つことができるんだ。

でもね、現代を生きるぼくたちは、自分が何をしたい人間なのかはっきりとはわからないことのほうが多いような気がする。

自分の欲望の形がはっきりとしない多くの人たちは、自我の「弱さ」を抱えこまざるをえない。社会と自分とのつながりがよくつかめないとき、「～したい」という自分の欲望をどのように具体的な形にしていったらよいか、自分がいったい何がしたい人で何に向かってがんばれる人なのかということが見えてこない。弱さは「意志薄弱」なんて言葉で指摘されたりする。「これをしよう、これを成し遂げよう」と思っても自分の意志が長続きしない、ちょっとした困難にすぐ音《ね》を上げてしまう、物事の判断を自分の力でなかなか行えないことなどが指摘される。

普通このことは、「その人そのものの性格」の問題として非難される。親や先生といった大人は、「お前のガンバリが足りない、根性が足りない」と言うかもしれない。君自身も「自分はダメだ、ガンバル力が足りない」と思うかもしれない。

でも、単純に「その人そのものの性格」とばかりいえない場合だってあるだろう。〈生の条件としての社会〉がそのようなガンバル力をなかなか出せない状況を作り出していることもあるのだ。社会のルールが著しい不公平や不公正によって歪められている場合などがそうだ。先ほどの「医師」の例であれば、医師としての能力や適性がきちんと判断される選抜のあり方ではない形（寄付金納付の多少など）で、入学の可否が左右されるなんてことがあるとしたら、社会的ルールの公正さがきちんと守られていないことになる。だからそのルールや制度としての社会の公正さは、社会のメンバーによって絶えずチェックできるようになっていなければならない。

さらに大切なポイントとして指摘しておかなければならないことは、「社会は変化する」という事実だ。

身近なところで考えれば、戦後数十年でのぼくたち日本人の話し言葉や身振りの変化がまずあげられる。数年単位では気がつきにくいかもしれないけれど、1950年代に作られた名作映画（黒澤明監督の「生きる」や小津安二郎監督の作品群）などをいま見ると、日本人が使う言葉、人に対する振る舞いや気遣いの仕方が、知らず知らずのうちにとても変化していることがわかる。役者さんたちの台詞の言い回しのテンポや間の取り方、立ち居振る舞いのすべてが、いまドラマで活躍している人たちのスタイルやテンポとはまったく違うのだ。現実の生活の中でのぼくたちのコミュニケーションのテンポ、リズム、そして内容自体がここ数十年で大きく変わってきていることが映し出されているわけだ。

一方、「時代の流れ」といった大きなところに視点を移してみよう。

日本社会は、確かにいろいろな面でまだまだクリアしなければならない問題をたくさん抱えている。でも大きな時間の流れ、たとえばこの150年間くらいの間のわが国の歩みを全体的にとらえたとき、社会は成熟する方向に変化しているとぼくは考えている。

約100年前、ちょうど明治30年代から40年代の庶民が、活動や表現の自由をどれだけ持っていただろうか？　国家体制や経済のシステムに対して異議を申し立てることができただろうか？　言いたいことが言えて、見たいテレビや映画が好きに見ることができる現在の私たちの「自由な」生活は、近代の歴史の中で私たちの上の世代たちが多くの葛藤を経て獲得してきたものだ。

身近な例を一つだけあげよう。道路交通法が改正され、飲酒運転や無免許運転といった悪質で危険な運転に対する罰則が強化された。これは署名集めなどをはじめとした被害者遺族の方々の地道な努力が世論の支持を受け、この世論の声が関係機関の対応に大きな影響力を与えた結果だと考えられる。「いくらなんでもこれはおかしい」という庶民の声が、現実の力を持つ可能性が少しずつ根付く傾向が垣間見られるのではないだろうか。

要するにぼくが言いたいのは、「社会」は一見すると動かない岩のようにも感じられたりするが、実は動いているし、あるいは動かすことができるというイメージを持つことも十分可能だということなんだ。

いまのぼくたちにとって大切なのは、「革命」といった大げさな言葉で言い表されるような変革を求めることではない。少なくても自分や身の周りの人間がより「幸福」に暮らしていくためには、自分たちが関わって生きている社会が「変化する」といったことを知っておくことが大事だし、できればよい方向に変えていけるといった「希望」のようなものを失わないことが大切なんだと思う。

だから、「変えていこう」というのも、ぼくのイメージでは、周りの人とのコミュニケーションの取り方をいままでよりも少し丁寧にとらえ直そうとしたり、自分

を他者や社会へと開いていける感覚を持つといったこと、つまり自分と社会をつなげて考える方向を探っていくという感じを持てることなんだ。

つながりの網の目として、社会をイメージしてみよう。そうすると、「社会」は動かしえないものではないことがみえてくる。

いままで自分にとってなんとなくよそよそしかった「社会」が、少しずつ自分の生活に関わるところで感じられてくるんじゃないかな？

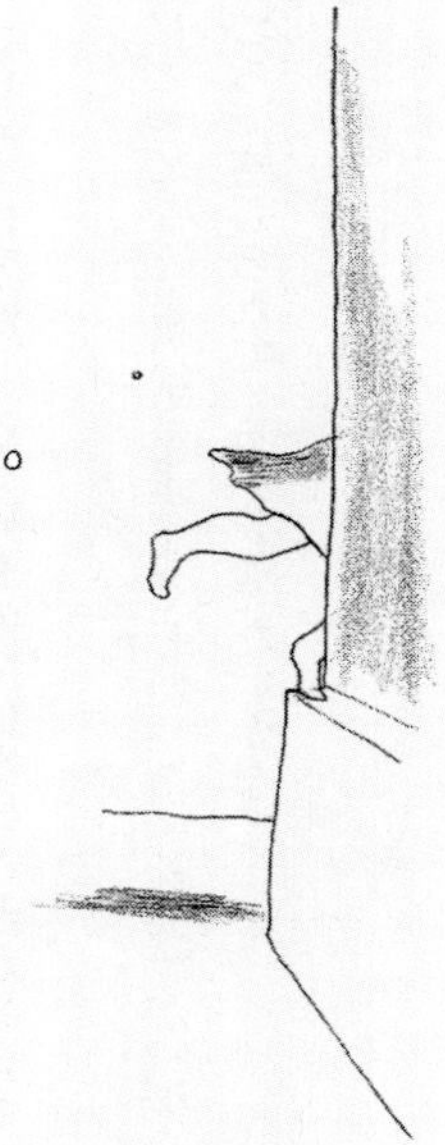

PART 5

「繊細な心」をちょっと鍛える

これまでぼくは、「幸福」「つながり」「他者」そして「社会」といったキーワードをもとに、あれこれ考えをめぐらしてきた。自分ときちんと向き合えるためにこそ、自分の周りの世界との関わりについてきちんと考えてみることが大切になってきていると思うからだ。

でも、こうした考えを丁寧に筋道だってたどることが、なぜ必要になってきているのだろう。

それは、一人一人の「生の実感」が、社会や他者といった自分の周りの世界とストレートに結びつかない時代をぼくたちは生きているからなんじゃないかな。

自分を取り囲む世界と自分とのつながりがはっきり自覚できるとき、人は元気が出るものだ。

「お国のために」とか「社会全体をよくしよう」とか「自分が働くことで世の中が進歩する」といった形で、社会と自分とをストレートに結びつけて考えられる時代もあった。でもいまは、そうではない。

いま、ぼくたちの自我はとても「宙ぶらりんな」状態に置かれている感じがする。

よくいまの若い人たちの自我は「弱い」と言われたりする。一方、明治生まれの人たちの自我は「強かった」なんてこともよく聞く。

でも、単なる「強さ」「弱さ」という言い方だけではうまくとらえられない側面がある気がする。もう少し人間の自我のあり方を丁寧に見ていくとどうなるだろうか。

まず、普通世間で自我の「強さ」ということで言われているのはどんなことだろうか。

自己欲求の実現のために「セルフ・コントロール」がきちんとできること。あまり他者との関係についてくよくよ思い悩んだりしないようなことなんじゃないかな？

自分の意思を貫き通す強さは確かに大切だ。でもおうおうにして、そういう人は人の心の動きや自分の周りの状況などに「鈍感」なところがあったりもする。

じゃ自我が「弱い」というのはどんな感じだろう。

普通自我の「弱さ」というのは、意思薄弱とか、頼りにならないとか、そういう否定的なニュアンスが多分に含まれている。英語でいえば、vulnerable という言葉があてはまるのかな。

でも、ぼくはいまの若い人たちを見ていると、単に vulnerable というだけではなく、傷つきやすいのだけれど、感受性の敏感な、そういう意味で sensitive な自我のあり方という側面が多分にあるような気がしている。こうした面をうまく活かしながら、感度のよい心を保ち続けるためにも、他者や社会とのつながりを自分の中で上手に引き受ける〈知的構え〉が必要になると思っている。

「繊細な心」。

sensitive な自我のあり方をこう表現してみる。「繊細な心」を持った人というのは、「自我理想」が高く、そのぶん自分の能力の実現や他者との関係の作り方に対

する要求水準が高くなってしまって、かえって傷ついてしまうような人、他者とのつながりにも敏感で、いつも「こんなはずじゃない」と思ってしまうような人、というイメージがぼくにはある。

まとめてみるとこんな感じかな?

◎強い自我↓セルフ・コントロールがきき、目的合理的に行動できる性質を持つこと
◎弱い自我↓傷つきやすく繊細な心を持つこと

もうちょっと具体的に考えてみよう。

まず、強い自我、つまり**「自己欲求実現型、セルフ・コントロールタイプ」**の人のイメージ。

・自分で自分がなすべき目標を立てて、それに向かってきちんきちんと努力を継続

的に積み重ねられる人。

・周りの目や世の中の移り変わりに左右されず、自分の価値観や信念を保ち続けられる人。

・「あの人は自分をきちんと持っているね（でもちょっとガンコ）」と人から思われているような人。

こんなところかな？

ぼくが持っている「強い自我」のイメージは、「ロビンソン・クルーソー」というところだろうか。無人島に漂着したクルーソーは、船から貯蔵品を運び上げ、自力で小屋を建ててヤギを飼ったり、小麦畑を耕したりしながら生活を組み立てていく。確か30年近くを無人島で生活するはずだ。自己管理がきちんとでき、自分の欲望に流されない節制を持った彼の理性的態度は、規律的「近代人」像の原型といわれる。

近代の初めにはそれまでの「神」に代わる新たな精神的基準として、「理性」が位置づけられた。身分制度が崩れて人々が活動の自由を手にしたということは、自分を守ってくれる共同体的秩序を失ったということでもあり、「自分のことは自分で決める」「自分自身が自分を管理する」という理性的規範が要求される時代になったことでもあったわけだ。活動の自由は、下手をすると「飢え死にする自由」にもなってしまうわけだからね。

でも、時代は移り「現代」はだいぶ状況が変わってきた。

社会学の分野では、1960年代の高度経済成長期から日本人の生活のあり方が急速に変わってきて、「現代的状況」が浸透したのは1980年代になってからと考えられている。その現代的状況とは、社会学者の見田宗介の言葉を借りれば「高度消費化社会」の到来によってもたらされた。つまりあらゆる物やサービスがお金さえ出せば手に入り、街には商品が溢れている。人々の欲望の方向はかつての「最低限の衣食住を満足させる」という基本的生存の欲求から、自分の美的感覚に合ったモノや生活スタイルの追求を通した「自分らしさ」や「心地よさ」の追求へと変化した。

簡単にいうと、〈理性や倫理〉よりも〈感性や美的直感〉へと、人々の心の重心

は確実に移ってきた（この傾向は、バブル経済が崩壊したといわれる１９９０年はじめから現在までも、バブル期に比べて極端な形ではなくなったとはいえ、基本的には変わっていないとぼくは考えている）。

このような時代の変化の流れの中で、自我のあり方もまた変わってきているといえるだろう。つまり、「理」を求めたり、「滅私奉公」のような大義を背負い込むような形とはまったく違って、もっと自分の私的な世界を大事にし、身の周りの他者たちとの関係の心地よさや自分の生感覚にフィットするモノやファッションに関心を寄せる、そういった自我のあり方が支配的になってきた。

その自我のあり方が、「弱い」と表現されるようだ。

じゃ、それはどんな感じの自我のあり方だろうか？

弱い自我、ぼくの考えでは、**「自我理想が高く繊細で傷つきやすい心を持っているタイプ」**。

思いつくままに挙げてみよう。

まっさきに思い浮かぶのは、
・〈いま・ここ〉には存在しない「ほんとうの私」をついボンヤリ求めてしまうような人。

他にもいろいろ挙げることができる。

・自分がやろうと思ったこと、計画したことがそのとおりにきちんとできない人。
・自分が何をすべきか、何が好きな人間かについてはっきりとした答えが見つからない人。
・自己肯定感の弱い人。理想的自己イメージと現実の自分とのギャップに悩んでいる人。
・ほんとうに自分に合ったもの、自分に完璧にあったものをつい求め、それが何かわからず途方に暮れている人。
・他者とつながることそのものにちょっとした「疲れ」を感じてしまう人。
・自分を「このように見てほしい」という期待を、他者についつい過剰に持ってしまう人。

「繊細な心」としての自我、それは「生きる（なんとか生きながらえる）」ということにやっきにならなくても生きていける、そんな「豊かな社会」がもたらしたあり方なのだ。戦争を体験している人、戦後の飢えの危機を知っている人たち、「生きる」ということへの強い意志を持たなければ自分の命そのものがすぐにでも息絶えてしまうような時代には、人々は「強く」なければと思うだろうし、また実際「強く」もあっただろう。

でも、高度経済成長期以降の日本には、そうした「ギリギリの」感覚というものは急速に失われた。かわりにあるのは、いまをもっと楽に、もっと楽しく生きたいという感覚だ。「明日の飯の心配をする」ような「生存そのものへの緊張感」を持つ必要のないぼくたちは、周りの人との付き合いや自分が人からどう見られているのかという**「つながりへの緊張感」**を生きている。それが、自分の行いがちょっとでもうまくいかなかったり、人間関係でささいなつまずきが生じたりするとすぐに傷ついてしまう「繊細な心」をもたらしているように思える。

でもぼくはこうしたあり方を頭から否定する気にはとてもなれない。だって、意志の強さが自分の周りの他者への配慮のなさにつながったり（ワンマン経営者なんていうのは、こういうイメージがあるよね）、逆にあまり自己主張ができず、人に合わせたり人の言うことに流されたりする人のほうが、他者に優しかったり、他者の弱さに敏感だったりするからね。

ただ、**「弱い自我」ってそのままだと自分自身が一番苦しいんだと思う**。そして自分の欲望を思いっきり解放してガンガン自分を主張するような人に出会ったりすると、「どうして自分はああいうふうになれないのかな」なんて思ってしまうときがあるんじゃないかな。ぼくも、何かグズグズしてたり、失敗してしまったことを後からあれこれ後悔したりグチっていると、ぼくの奥さんから「なにグズグズぐちを言ってんのよ。たまにはもっとシャキッとしてよ」なんて怒られる（ぼくの奥さんはかわいいんだけど、ちょっと恐い）。そんなときは、「あーもっとパキパキ物事を処理したり、人との関係を割り切ったりする強さがほしいな」なんてつい思ってしまう。

でも、ぼくもそれなりに歳を重ねてこの頃ますます思うんだけど、**いまある自分をまるっきり変えようとか変えたいとかあまり思わないほうがいいと思う**。無理な自己否定は無理なダイエットと同じで、心にも体にもよくない。いまよりましになりたいという願望っていうのは「アリ」かもしれないけど、まるっきり変えようというのはよくないよ。ちょっと前にはやって社会問題にもなった「人格改造セミナー」なんていうのは、いま言ったような極端に自分を変えて生まれ変わろうという発想だけど、経済的にもとてもコストがかかるし、自分（さらに自分の環境など）をまるきり変えることなんて結局はできないという絶望感が深まるばかりでよくないと思う。

じゃ、どういうふうに考えればいいんだろう。

きちんと言葉にするのはとても難しいんだけど、ぼくなりに考えていることを言ってみよう。

まず、自分の「傷つきやすさ」をそれ自身として自分の中で認めてあげること、これが基本だと思う。「こんな自分はダメだ」ではなく、**「これが自分なんだ」**と自分で自分を認めてあげること。これが第一の出発点だよね。自分をあえて認めるということは、裏返せば〈いま・ここ〉の自分に満足していないという気持ちがとても強い状態なのだと思う。だから「あえて」いまの自分を認めることは、自分を甘やかすこととは違うとても大切な心の持ち方なんじゃないかな。

でもね、自分の弱さを弱さのまま認める、というのはホントに元気がないときはとても大切な態度なのだけど、そのままのところには留まれないのが人間の常だと思うんだ。なぜって、ちょっと元気が出てくると、人はもうちょっとマシな自分を必ず求めるようにできているのではないかと思えるからね。

大切なのは、このちょっと元気が出たときの他者や社会への「踏み出し方」だと思う。そこでまたいきなり「これまでの私とは全然違う私」みたいなものを求めて

しまうと、「ありのままの自分の弱さ」を認めてせっかく蓄えたエネルギーをまた急に使い果たしてしまうことになると思うんだ。自分の弱さを弱さのまま認めながら、少しずつ自分の中で**「もう一歩前に踏み出す」**といった感じが出てくればいいのだと思う。

いったい人間の「自我」ってどんなふうにイメージできるだろう。この頃ぼくはそんな問いをずーっと抱えて暮らしていた。

まず卵みたいな丸い球状の感じがする。傷つきやすい自我というのは、薄い殻の中に生卵の黄身が入っている感じに思える。で、それを強くしようとしていきなり熱湯の中に入れてぐつぐつ茹でてかさかさに固まったゆで卵の黄身のようにしようとしたら、殻にだってひびが入るだろうし、黄身だってあまりおいしくなくなる。

そうじゃなくて、半熟の黄身のようなゼリー状の自我、そこに自分なりの外皮をかぶせていくという感じ。外皮といっても卵の殻のように一見固そうだが実は薄くてすぐ割れてしまうような感じのものではなく、鼻炎薬なんかで使われるソフト・

カプセル剤のように、プニプニしていて、力が加えられるとすぐに変形してしまうんだけれど、実はなかなか中味が飛び出したりしないような腰の強さを持っているそんな感じがいいんじゃないかと思う（半熟の卵とかお菓子のグミとかが好きだからこんなこと考えるのかな？：）。

弱さから出発すること。けれどその弱さのままに固執していたのでは、自分なりの「幸福のデザイン」を描くことは難しい。ほんとにまいっているときは、弱さを弱さのまま認めるような「丸ごとの承認」のような態度が必要だ。でも、ちょっと元気が出てきたら、他者とのつながりの現場や社会との関わりのある場所へ、少しだけ足を踏み出してみることも大切だと思う。

そんなとき、**やっぱり傷つくこともあるだろう**。でも歳を重ねることで少しずつ学んでいけることがある。他者とのつながりが自分の〈生のあじわい〉にとってやはり大切なんだという漠然とした思いがありさえすれば、傷つきやすさに対する〈耐性〉をなんとか身につけていける可能性があるということだ。

そう、ここでのキーワードは、

〈耐性〉

だ。

先日、娘が音読していた本の内容をなにげなく聞いていると、とても印象に残る話であることが途中からわかってきた。

娘が読んでいたのは、宮川ひろさんが書いた「沢田さんのほくろ」というお話だ（『新版国語3上』教育出版）。

主人公の沢田タミ子は、「鼻の頭あたりにまでとどくほど」前髪を伸ばしている。担任の木村先生は、彼女のおでこのまん中に大きなほくろがあること、クラスの男の子たちから「ダイブツサン」とからかわれていてとても傷ついていることを知る。

ある日、木村先生はクラスの子たちを前にして、沢田さんが「ダイブツサン」とみんなから言われるのがいやで、前髪が伸びてどんなにうっとうしくなっても、髪を挙げることができなかったことを涙まじりに話してきかせる。

もともと軽いからかいのつもりだったクラスのみんなは、もうどんなことがあっても沢田さんのことを「ダイブツサン」と言ったりしないと木村先生に約束する。


それから2、3日すぎた昼休みに、タミ子を一番からかっていた光男という男の子が、階段を一段飛ばしで上がっているのを彼女に注意される。そのとき、光男の口からつい思わず、

「ダイブツのおせっかい！」

という言葉が出てしまう。まずかったなあと思って光男はあわてて口をふさいだがもう間に合わない。

タミ子の顔が悲しそうにゆがんだ。でも彼女の口から出たのは意外な言葉だった。

「ダイブツでけっこうよ、手をあわせておがみなさいよ」

このときの沢田さんはもう、ひたいにある大きなほくろをまえ髪で隠すような弱々しい女の子ではない。「ダイブツ」といってきた光男に、「ダイブツでけっこうよ。おがみなさい」と言い返すほどの〈耐性〉を自分の中に作り上げているのだ。

〈ああ、沢田さんは強くなったんだな〉

ここまで読んでくれた君たちは、きっとそう思っただろうね。でもこの話はここで終わりなわけじゃない。このお話の最後の文章はこうだ。

「つぶっているタミ子の目じりから、なみだがこぼれて、一ほんのほそいすじができていました。」

そう、まだまだ沢田さんは傷ついている。沢田さんの自我は、「弱さ」から「強さ」へスパっと変わったわけじゃない。沢田さんは、自分のひたいのほくろを受け入れ、他者との関係にひるむことのない〈耐性〉を、いま少しずつ作り上げている途中なのだ。

やがて大人になったとき、沢田さんは人の痛みがわかり、しかも自分をしっかり持った素敵な女性になっているだろうな、そうぼくは思った。

「他者」というのは何が恐いかって、「私」の許可もなく勝手に「この人はこういう人だ」って判断を下してくること。つまり「私」の許可なく勝手に私を「対象化」してくる存在が、「他者」なのだ。

つまり**「このように私を見てほしい」といったこちら側の願いなんてあっさりふきとばしてしまうような存在、それが他者**。このことはぜひ覚えておいてほしい。

ぼくの奥さんの話なんだけど、高校生時代に家庭教師をしてくれた方と久しぶりに連絡が取れて、「あの頃の私っておとなしかったよね」って話をしたら、返ってきた答えが「いやー全然おとなしくなんてなかったよ」だったらしい。

「えー、なんでー？　私高校の頃はおとなしかったよー」なんて彼女は言っているけれど、自分のセルフ・イメージと他者からみたイメージとはたいがいズレているものなんだよ。特に時間が経てば経つほどそうしたズレは大きくなる（だからぼくくらいの年になると、中学の同窓会に顔を出すなんていうのはなんとなく「恐い」ものがある）。

大切なことは、**他者との関係において、致命的な傷を負わないだけの「精神的な構え」を自分の中で作っていくこと。**そのためには、**多少傷つく場所へと出て行かなければならないこと**もあると思う（その「多少」という判断が難しいわけなのだけれど）。そして致命的な傷を負わないようにリスクの回避の仕方を学びながら、傷つくことへの恐れを少しずつ薄めていくことが大切なんだ。「まったく傷つかない人生なんてありえない、誰でも多かれ少なかれ傷ついている」といったひらきなおりも必要なんだと思う。

他者と少しずつ関わりを重ねることによって、自分に対して他者がどのようなイメージを持つのかということに、ある程度の「予測」がつくようになる。

ぼくの場合でいえば、ある種の学生たちから見れば、「話の内容をわかりやすく伝えようとしている教育熱心な先生」に見えるらしいが、別の種類の学生から見れ

ば「そこまで突っ込まなくてもいいんじゃないの、ということまで説明しようとする、ちょっと話がくどい先生」ということになるようだ。いまの大学では、「授業アンケート」が学期の終わりごとに行われるから、学生たちがどんな感じで自分の授業を聞いているかということがだいたいわかる。大学の教員という仕事を通していやがおうでも他者と関わり、しかも「評価」されることによって、他者から見る自己像とはだいたいこんな感じらしいという「予測」が立てられるようになってきた。他者が自分に対して持つ自己像が「予測」できるようになると、他者の一言一言で傷つくということはけっこう少なくなってくるようだ。「そんなこと言われるなんて思ってもみなかった」という場合に人はもっとも傷つくわけだからね。

だから他者が自分をどう見ているのかということへの恐れを克服するには、「自分の思うとおりに、他の人から自分を見てほしい」という期待を過剰に持たないことと、自分に対する他者のまなざしに対してある程度「精神的構え」ができるように、まず自分の弱さを認めて元気をためながら、少しずつ他者と関わっていくことが大切なんだと思う（いま「精神的構え」と言ったけれど、普通は「心構え」という言葉が多く使われるよね。でも「心構えが大切」というと、なんか妙にお行儀よくしなければならないという感じがするので「精神的構え」という言葉を使うことにしよう）。

とにかく「構え」が大切なんだよ。どんなに親しい他者でも、自分が持ってほしいと思うイメージどおりに自分を見てくれるわけではないということに対して、「構え」を持つことによって、少しでも自分の自我の傷つきやすさを防ぐことができるんじゃないかな。

PART 6

「つながり」の中で自分を活かすためには

自分なりの「幸福のデザイン」を描いていくために、自分を取り囲む世界とのつながりをきちんと考えること、自分の心の柔らかさを失わない形で、でも傷つくことを少しずつ避けられるような「構え」を自分の中で作っていくこと――その大切さについて語ってきた。

結局、他者との「距離感覚」、そして自分自身との「距離感覚」が大きなポイントになるのだと思う。いくつかの論点に分けて、この点をもう一度確認しておこう。

まず、「他者性」の感覚の大切さ。

どんなに親しい相手の中にも「他者性（＝自分にとって人はみな他者であるという本質的な性質）」を感じとり、その「他者性」をベースにした親しさを練り上げていくことが、人に対する過度の依存と過度の不信によって自分自身が傷つかないための知恵となる。

親しさは、融合、合一と同じではない。赤の他人や知り合ってまだ間もない相手にだったら、他者として振る舞うことは簡単だ。でも、家族や親友、恋人に対してはどうだろうか？　ついつい「どうしてこんなこともわかってくれないの？」と非難してみたり、家族（親友、恋人）なら自分の思いに寄り添ってくれるはずだ、ということを「あたり前」と考えたりすることがよくあるだろう。もちろん寄り添ってくれればそれはとても嬉しい。でもそれはちっとも「あたり前」なんかじゃない。とっても「幸せ」なことなんだ。

ちなみに「夫婦は一心同体」なんてあれは嘘、というか日常生活の中でそんなことは期待しないほうがいいだろう。もし、一心同体の夫婦がいるとすれば、それは絶対どちらかが無理して相手に合わせている可能性が高いと思う。

「一心同体」が親しいつながりの理想じゃない。だからといってお互いに違っていることにただひらき直っていたなら、親しさの感覚は味わえない。「自立」という言葉がある。特に思春期から大人になっていく10代後半の若者や大人の歳になっても依存心がとりわけ強い人には「自立」はキーワードであり大切な面を持つ。でも「自立」という言葉だけが、社会的価値あるいは人間関係のキーワードとして突出して強調されすぎるのは、なにか違うような気がする。

なんというか、違う二人が歩み寄るプロセスを味わうことが「親しさ」の一番の醍醐味だし、そこに人間の豊かな〈生のあじわい〉もまた体験できると思う。たとえ恋人だろうが夫婦だろうが、「他者」だという意識を持つことが大切だということをぼくはこの本で繰り返し述べてきた。でもそれは、互いに「自立心」を養ってお互い依存しあわない〈りっぱな大人〉になりましょうというニュアンスを伝えたいわけではまったくない。「他者性の感覚」をベースにして、お互いの気持ちが通ったり、価値観の共有ができたりすることに〈生のあじわい〉を感じることの歓びに焦点をあててみたかったんだ。

「他者性」の感覚の大切さを、もう少し違う角度から表現してみるとどうなるだろうか。

「純度100%の関係を相手に求めない」ということ。

どんなに親しい相手に対してでも、自分の思いや気持ちが「そのままに」、いってみれば「純度１００％の形のまま」伝わったり、また相手が「純度１００％の形のまま」受け止めてくれたりすることは、「ありえない」のだ。

頼りにしている人、甘えたい人がいるかもしれない。でも、そうした人と「透明につながりたい」という気持ちはかえって自分を傷つけることが多いはず。

君が10歳くらいで、ちょっとませた台詞が言えてもまだ十分に幼いときなら、こうした期待を持つのもＯＫだろう。というよりむしろ「透明なつながりへの欲求」はむしろ必要なのかもしれない。あまり幼い時期から「しょせん人間はみんな他者だ」なんて悟っていると、〈ニヒリズムの罠〉にからめ取られてしまう危険もあるだろう。でももし君が20歳を超えたような「大人」なら、徐々に、「透明な関係なんてありえない」ことと心に決めたほうがいいと思う。

「透明な関係なんてしょせん幻想にすぎない。誰も私のことを理解してくれる人なんていない」といった極端な方向に矮小化《わいしょう》してしまわないこと。自分の思いや考えが相手に１００％そのままの形に伝わることはありえないということを、自分の思いや考えを人に伝えようとすることに対する諦めの根拠としないことが大切だ。

むしろ考え方は逆のほうがいい。つまり「100%そのままの形で伝わらない」からこそ、わかってもらいたいという「自己表現への思い」を大切にするといったように。

繊細な自我を持つ人は、100%自分を受け入れてくれる他者を、つい無意識のうちに求めてしまいがちだ。そしてそれがかなえられないと知ると自分の殻の中に閉じこもってしまうこともある。

でも、他者とのコミュニケーションを、そもそも自分とは異なる他者とのつながりであるという前提から考えてみればどうだろうか。

少しでもわかってもらえること、相手に少しでも自分の思いや考えが伝わること、そのこと自体がとてもすばらしいことに思えてくる。他者とのコミュニケーションを「減点方式」ではなく、「加点方式」で見ていこうというのが、ぼくの提案だ。

自分が伝えたいことがすべて伝わることを100点として、そこから減点して他者とのコミュニケーションを見ていけば、どんな「つながり」だって不満に思えるはず。そうではなく、極端な話、自分の伝えたいことがまったく伝わらないことだってありうること（つまり0の状態）を出発点とすれば、少しでも相手が自分をわかってくれたとき、あるいはしどろもどろの自分の話を相手が上手に聞き取ってくれたとき、とても幸せを味わうことができると思うんだ。

だから自分以外の人間を「他者」としてとらえることはとても大事だとあらためて思う。とりわけ身近で親しい人間が、「自分をわかってくれるのがあたり前」「自分を大切にしてくれるのがあたり前」と思っている人は、いつかはどこかで必ず挫折する。その挫折をうまくきちんと自分の中で消化しないと、「わかってくれない相手が悪い」「自分を大切にしてくれなかった相手が悪い」という「恨み、辛み」（ニーチェの言葉を借りれば、「ルサンチマン」）にさいなまれることになる。

他の人との関係で自分が傷ついたときは、多かれ少なかれ誰だって「ルサンチマン」を感じることはあるだろう。でも問題なのは、それをいつまでもダラダラと引きずり続けること。あるいは記憶の中でますますルサンチマンの感情を肥大化させること。こうした呪縛から自分自身の力で自分を解き放たない限り、決して「幸福」をつかみとることはできない。

その意味で身近な人間であればあるほど、そこに「他者性」をきちんと見定めることが大切になる。

さて、次に大切になること。それは、**「自分を表現することへの恐れ」を少しずつ克服する可能性を求める**ことだ。

「傷つきやすい心」を持つ人の場合、自分を表現することを極端に恐れることが多い。なんらかのパフォーマンスをする、人と会話をする、大勢の人の前で話をしたり、メールや手紙などを書く——自分を表現しなければならない場面は、いろいろある。

自分を表現することは、確かにとても恐い。とりわけ、他者と面と向かって自分の考えや感じ方を表現しなければならない場合などは、思わずしり込みしたりすることだってある。

たしか小学校の2年生の頃だったと思う。学芸会のとき、担任の先生からこう言

われた。

「見ているのが〈人〉だと思うから緊張するのです。舞台の向こうにはかぼちゃやなすなどが並んでいると思いなさい」

「他者のまなざし」はぼくたちを緊張させる。でも「野菜」(つまり物)だと思えば緊張することはない。

「そんなものかなあ」と思ったりもしたのだが、やはり舞台に上がれば緊張しないわけにはいかなかった。だって向こうで見ているのはどうみたって「人間」だもの。そして人間は私の振る舞いを理解したり評価したり批判したりする存在なのだ。

「なるべくよく見られたい」、誰だってそういう気持ちは働く。他者の評価、つまり他者の〈承認〉を勝ち取れることは、〈生のあじわい〉をもっとも深めることにつながるし、逆に〈承認〉が得られない場合は絶望的な気分に陥ったりする。

でも周りの人に丸ごとの承認を得ようとすることは、かえって自分自身を傷つけることになることをここでとりわけ強調しておきたい。

丸ごとの承認の要求は、それが得られない場合、他者とのつながりの全否定、自分を表現することの極端な恐れをもたらしかねない。

他者からの全面的な承認を要求せず、しかも自分の思いや考え方を他者へと伝えようとする意欲を失うことのない適度な期待を保ち続けること、これが他者との〈つながり〉を通じてぼくたちが〈生のあじわい〉を深めていく近道だとぼくは思っている。

「自分を表現することへの恐れ」を克服するためには、実は他者とのつながりの問題を考えるのと同じように、〈自分が自分に対してとる精神的態度〉をよくとらえ直すことが必要になる。

自分の中の〈こうありたい私〉（＝自我理想）と〈いま・ここの私〉（＝現実の私）とのバランスを保つこと。

つまり、**「自分との距離」**ということがとても大切になる。

〈生のあじわい〉を深め高めていくためには、〈こうありたい私〉という像を自分なりに保ち続けることが大切になる。でもそれがあまりに高く大きすぎる場合、

〈いま・ここの私〉がかえってみすぼらしくツマラナク感じてしまうことがある。高すぎる自我理想は、現実の私の〈生のあじわい〉の可能性をかえって損なう場合があるのだ。だからといって自我理想の像をうまく描けないと、生の可能性は閉ざされたままになってしまう。

自我理想と現実の私の適度なバランスをどうやって保ったらいいかについて、「こうすればうまくいく!」的なマニュアルを提供することはぼくにはできない。それは、一人一人の性格や具体的な生活のあり方によってもだいぶ違ってくるからね。

でも、もし共通の「形」というものがあるとすれば、それは、どんなに落ち込んだり不安になったときでも、身近な他者の承認を少しずつでも得られるようにする気持ちを、それなりに保ち続けることだろう。

丸ごと自分を認めてくれるような人(例えば「白馬に乗った王子様」)がいつかは現れることをただ待っているのではなく、自分が何か具体的な形を通して〈こうありたい私〉の像をつかんでいき、それを元に他者の承認を獲得していくこと。その積み重ねが、自我理想と現実の自我のバランスを自分でうまく保つコツを教え、「自分を表現することへの恐れ」を克服し、自分を他者へと開くしっかりとした回路の基盤を作ってくれる。

自我理想と現実の私とをつなぐ何か具体的な形を自分の中に作ること。それが、小さい頃から私たちが自分にとって好きなことや得意なことを見つけることが持つ大切さなのだと思う。

つい先日会った人がこんな話をしてくれた。

その人はいま、30歳くらいなのだが、中学、高校と野球をやっていていまも週に1回くらい草野球を楽しんでいる。しかも試合の日程や場所とりなどの段取りを引き受けているようだ。「もともと世話好きとか人好きとかいうタイプではない自分が、なぜそのような面倒なことを引き受けているのだろう、とあらためて考えると……」と彼は言う。

「ぼくは野球部時代ショートを守っていて、それなりに一生懸命練習しました。で、30歳を超えたいまでも、飛んできたゴロに合わせてグラブを差し出すグラブさばきの技術がしっかり体に残っている。そのことが、単にグランドの上でだけでなく、チームにおける人間関係を作るときの大きな支えにもなっているんです」

走力や瞬発力は、年齢を経るにしたがって確実に衰える。でも、若い頃にそれなりに磨き、身につけた身体的作法は意外と忘れないものだ。

もし彼がプロ野球選手の動きを自分の理想とし、「ああいうふうには自分はとても動けない」と思ってしまったら、つまりあまりに理想の設定が高すぎれば、趣味であるはずの野球がかえって彼の「生」を圧迫することになりかねない。〈こうありたい私〉と〈現実の私〉の適度なバランスが大切だというのは、つまりこういうところにあると思うんだ。

ぼくが受けた印象をさらに言うと、彼にとっては、自分のグラブさばきへの肯定的イメージが、草野球チーム内での自分のポジションの自信になり、そうした趣味の世界の人間関係での居場所の確保が、彼の仕事や生活全般での活力の一つの大きな支えになっているようなのだ。

自分がほんとうに好きなことを見つけて、ちょっと努力して身につけた身体的技術（野球でもピアノでも英会話でも何でもいい）を通して、自分を支える基底を作る。自分がほんとうに好きになれることを見つけて、それを通じて他者の承認を得ていく。そうしたやり方がとても大切な一つの方法だとぼくは思っている。

「〈生のあじわい〉を深めるには」という問いを基本にして、自分と自分の周りの世界について考えてみるのがこの本のテーマだった。

ぼくが思うに、〈生のあじわい〉は「楽する」ことばかりを求めては決して得られない。よく言われることだが、「楽」と「楽しい」とはイコールではない。

じゃ、どうすればいいんだろう？　答えはけっこう簡単。

「楽しさ」を求めてちょっとガンバッテみればいい。

努力とかガンバルとか、ちょっと前までは「ダサい」とか「かったるい」と言われていた価値観が、いま見直される時代になってきたなと思う。でもそれは一昔前みたいに「ガンバルこと」「努力すること」「根性を出すこと」それ自体が美徳だと

いった価値を復古することではない。

そんなことをずっと考えながらこのところ過ごしていたら、この前テレビの衛星放送で「アラレちゃん」が放映されていた。「Dr.スランプ　アラレちゃん」は、1980年代のはじめに一大ブームを起こしたアニメだ。当時ぼくはもう大学生になっていたので、偶然テレビでやっているのを見る程度だった。

本当はロボットであるかわいい女の子、則巻アラレが繰り広げるナンセンスなギャグ的世界は、いま見てもホントに笑えて面白い。でも見ているうちにぼくはあることに気づいた。「あっ、アラレちゃんは当時のシニシズム的世界観の象徴だったんだな」と。

当時の日本はやがて「バブル」と呼ばれる時代に入りつつあるまさに「ノリノリ」の時代だった。「(物質的)豊かさ」というものがピークを迎えつつある時代で、「まじめ」や「努力」、「誠実」とか「忍耐」といった価値が「ダサくて古くさい」と見られていた時代だ。

例えば、アラレちゃんの中に「栗頭大五郎」という先生が出てくるのだが、このキャラクターが〈まじめな古い価値観〉を代表している。「この世で一番大切なもの、それは**愛**です」なんて大まじめに説教して、生徒みんなからバカにされている。そんなシラけた生徒たちに、時々ブチ切れて体罰を食らわすのだが、それが「愛の頭突き」という徹底ぶりだ。

アラレちゃんの愉快で可愛いキャラクターで中和されているのだが、「Dr.スランプ　アラレちゃん」の全体に流れる基調は、「愛と誠」（この題名のマンガが1970年代にはあったんだ）といったそれまでの正当な価値への徹底的な冷笑であり、揶揄《やゆ》だ。それはまさに、「大きな物語の終焉」を唱える「ポストモダン」のメンタリティそのものを表現している。

ちょっと注意してみれば、アラレちゃんは、自己中心的な欲望の実現にしか関心のない「コミュニケーション不全」を地でいくキャラクターなのがわかる。〈でもしかたがない、アラレちゃんはロボットだから〉といった形で、話が深刻にならない仕掛けが用意されている。けれど、もちろんアラレちゃんは当時の子どもたち・若者たちのメンタリティを代弁しているわけだ。思わず、アメリカの社会学者のC・W・ミルズの「陽気なロボット」という言葉が思い起こされる。「キーン」と両手を伸ばしながら走り回り、「キャハハハハ……」と楽しそうなアラレちゃんの笑いには、どこか人を小馬鹿にし、他の人たちとの〈つながり〉を拒否しているところがある。それは、「ロボット」の笑い、乾いた笑いだ。人間の「生」の深みに届こうなんて考えることを徹底的に否定するシニシズムとニヒリズムがそこには垣間見られる、なんて考えるのは、ちょっと深読みしすぎかな？

でもとにかく、あの時代にやはり「アラレちゃん」が登場することは必然的なことだったんだと思う。

とにかく努力と忍耐でまじめに生きること、世のため人のために自分を犠牲にすること、社会の問題を自分の問題より優先させること、こうした倫理的規範が「表の価値」として学校文化を中心に幅を利かせていることに対する「リアクション」

として、「ホントのところはみんな自分が一番かわいいし、自分が一番大切」というホンネを表現し、自分の欲望だけをトコトン大切にするアラレちゃんは、とてもリアリティを持っていたと思う。

でもアラレちゃんに留まっている限りは、「自分にとっての〈ほんとう〉」とは何かというぼくたちの心の「芯」に届くような問いには、決して答えることはできない。あるいは他者との「かけがえのない関係」や、人と共感したり共鳴したりすることから得られる〈生のあじわい〉を体験することなども決してできはしないのだ。

いまぼくたちにとって一番必要なことは、「ポスト・アラレちゃんの時代」の**「ピュアネス」**を追求することだと思う。アラレちゃん的シニシズムを知っているからこそ追求することができる「ピュアネス」を大切にしたいと思うんだ。

ここでぼくが言っている「ピュアネス」とは、自分の「生」にきちんと向きあい、〈生のあじわい〉をより深く丁寧に感じ取ろうとする姿勢のようなものだ。そして、自分の「生」にきちんと向き合う姿勢は、「世のため人のため」といった社会の側

からの価値で自分を律する仕方ではなく、「自分にとっての〈ほんとう〉」という感覚を大切にし、そこから「他者」や「社会」へとつながるルートを自分自身で見つけるという形で、具体化されていくものだと思う。

他者や社会へと開かれていくルートが、自分の中になんとなくではあれ作ることができるようになれば、今度はそのルートを逆にたどって、「他者や社会の側から自分自身を位置づけ直す」あるいは「自分一人の〈歓び〉だけを求めることを超えて、他の人との交流や社会へのなんらかの貢献といった利他的活動に自分なりの〈生のあじわい〉を見出す」という感覚が根付く可能性が垣間見えてくる。

いわば「他者と共に生きる」あるいは「他者や社会のために活動する」といった価値が、自分自身の〈生のあじわい〉を犠牲にするのではなく、それをより深める形をとって多くの人に共有される可能性が見えてくる。

アイデンティティの自分勝手な確認だけに終わるのではない地に足のついたボランティア活動に携わる人、仕事場や地域の中で人があまり進んでやりたがらないような仕事を「自然体」で引き受けて、地道にコツコツとこなしてしまう人——数は少ないが、「社会に生きること」と自分自身の〈生のあじわい〉が深いところで自然につながっている人たちがいる。

彼らの活動意欲の中心にも、やはり、自分自身の「生」を充実させたいという自己中心的な欲求があるはずだ。でもそれは狭い意味でのエゴイズム、「自分さえよければ後はどうなってもいい」といった排他的な自己中心性（いわゆる「ジコチュウ」）とはまったく異なる。

自分自身の〈生のあじわい〉が他者や社会につながることとうまく結びつく可能性が、**〈私から社会へ〉のルート**を探すことによって開かれてくるんじゃないだろうか。

なんとなく「心」がかさかさしたり、干からびた感じになるときってあるよね。はっきりと何が原因とはいえないのだが、妙に「心」が乾いてしまうときがある。そんなときふと立ち止まって感じ直し、考え直してほしいんだ。

「自分にとって幸せって何なのだろう。
どんな形をしているのかな?」

って。

疲れて休んで立ち止まって、ゆっくり周りを見渡した後ですこし幸せの輪郭が見えるような気がしてきたとき、一歩踏み出せるための「生のエネルギー」が君の体の中にいつのまにか蓄えられていることに気がつくんじゃないかな?

少しずつ満ちてくる「生のエネルギー」に促される形で〈いまよりちょっとましな自分〉を求め、それをめざして一歩踏み出すこと。相手にすべてをわかってもらおうと期待しすぎないように、でも自分を表現し、自分を他者に開いていくことをあきらめないこと。**自分の可能性にとって「壁」のように立ちふさがっているかにみえる「社会」に対して、なんとかたじろがない〈力〉をちょっとずつ身につけていくこと……。**

「幸福のデザイン」にとって必要なことは、つまりこういうことだとぼくは思う。

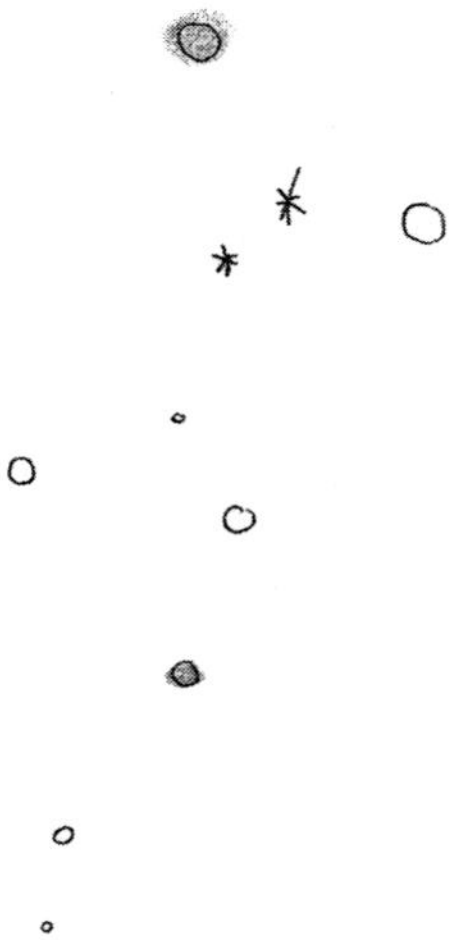

エピローグ
ささやかながら愛について

「幸福」ってなんだろうってことをあれこれ考えているうちに、アランの『幸福論』の一節が思い浮かんだ。
一番最後の章の冒頭に、やはりハッとさせられる文章が書いてあった。

「悲観主義は気分に属し、楽観主義は意志に属する」

なぜ、ぼくが「幸福」は「デザイン」されなければならない、なんてことを考えているのかが一言で言い表されているような気がした。

楽観的であること、つまりこれまでの自分を認め、現在を肯定できること、また将来に希望を持つことは、決して感情の流れや成り行きに身をまかせればできることじゃない。幸福は、「意志」がなければ、つまり自分の生に課せられたいろいろな限界や制限を認めつつなお生の可能性をすくいとろうとする「意志」がなければ、決してつかみ取れるものではない。アランはそう言っているようにぼくには思えた。

「そうか、だから〈デザイン〉することが必要なんだ」とそのときぼくは確信した。

心を清く保って毎日毎日お行儀よく生活していれば神様が幸福を運んでくれる。そんなのは夢物語であることは、現代に生きるぼくたちなら誰でも知っている。でもその反対に、「しょせん人生なんて色と欲の世界だ。女だったら見目かたち、男だったらゼニのあるなし、それがすべて」なんて見方も、とても寒々しくてツマラナイと多くの人は思っているだろう。

けれど、この両極端の考え方の間を縫って、自分の生活の現実を受け入れながら、でも「もう少しの幸福」を求めるエネルギーを保つことは想像以上に難しい。

自分にとっての〈生のあじわい〉を大切にするという考え方を軸にぼくが伝えたかったことは、ぼくたちの「生」は、楽しさや素敵さや歓びといったものに向かって現実の中でしっかりと形づくられているときに、「幸福」を直感できるということだった。でもそれには、必ず「意志」が必要になるし、自分の生をとらえ直す知

的な道具立てが必要になる。このことが、幸福を「デザイン」できる能力が大切になるということの意味なんだ。

いまこの文章を書いているぼくの耳には、小学校2年生の娘のピアノの練習が聴こえている。今日は新しい曲の「音取り」にけっこう苦労しているようだ。でもあと10日もすれば、片手ずつたどたどしく弾いているこの曲も、両手でスラスラ弾けるようになるだろう。でもまったく練習しなければ、弾けるようになる日は永久に来ない。

こんなあたり前のことを彼女の体にしっかり刻み込ませることができればいいなと思っている。ピアノは一つの比喩のようなもの。自分の力で自分なりの幸福に近づくために一歩踏み出すための〈生のエネルギー〉を、体の中に少しずつ蓄えてほしいと思っている。昨日までの自分と、一歩踏み出して少し輝きを増した今日の自分との違いが味わえるいろいろな体験を重ねてほしいんだ。「あれっ、いつの間にかこんなところまで進んできたんだ」というちょっとした自信を身につけてほしい。

そんな自信が、他者との〈つながり〉の中に身を置いたとき、必要以上にたじろがない「自己」というものの核になればいいなと思っている。

身の周りの人たちとの表面的な比較でしか、自分の優位性を測ることができないのはとても寂しい。なんか自分の中に「芯」のようなものを見つけて、それを大切に育てていくこと。自分自身が「幸福」になるためにも、自分にとっての〈ほんとう〉を自分の力で探し求められる、そういう大人になってほしい。いつもそんなことを考えている。

でもこうした「願い」が、何もぼく自身の子どもたちばかりに届けばいいと思っているわけではないんだ。これから大人になっていく若い人たちや、〈生のあじわい〉をこれからゆっくり深く求めていこうとしている大人の人たち。そうしたみんなにも、ぼくの言葉が少しでも届いてくれることを、いま、本当に願っている。

あとがき

ぼくは学生たちとお茶を飲みながら、とりとめもなく話をすることがある。今日も、一人の学生がぼくの部屋に卒論の相談に来ていた。ひととおり論文のテーマなどについて話をしていると、突然彼女が、「そういえば私、もうすぐ22歳になっちゃうんですよね」とポツリと言った。

アールグレイが入ったティーカップを口に運ぼうとしていたぼくは、彼女の一言で思わずカップを運ぶ手をとめた。

「じゃあ、君はまだぼくの半分の時間しか生きていないんだね」という言葉がとっさに口から出た。

ぼくは最近ちょうど44歳になったばかりだった。日ごろは、学生たちとの歳の差など忘れて話をしているぼくなのだが、彼女の一言で、学生たちからこんなにも離れた年齢にたどりついてしまった事実を改めて突きつけられた気がした。焦りにも似た心のざわめきを感じてしまったのだ。彼女はといえば、つい最近まで高校に通っていた自分がもうすでに大学も卒業する歳になってしまったことへのちょっとした寂しさをぼくに伝えたかったのだろう。

二十歳を超えたころ、ぼくも「もう若くはないんだ」という寂寥感に襲われたことがある。でも、二十歳の頃のこうした感覚は、実はその後の節目節目の歳にやってくる、「また若さを失ってしまった」という〈寂しさの感覚〉の始まりにすぎない。30歳、40歳、そしておそらく50歳……を迎えようとする時、「いつのまにかもうこんな歳になってしまった」というほろ苦い後悔が、多くの人々の心に訪れ続けるのではないだろうか。

「歳を重ねる」ということが歓びの一つの形として味わえるような生のスタイルを築くことは本当に難しいことだと思う。でもそれは決して不可能なことではないということ、**自分が〈ほんとうに〉心惹かれるものは何なのかを見定め、他者との〈つながり〉を丁寧にとらえ直すことを通して可能になるのだというこ**

とを、「もう若くはないんだ」と思っている（実はとても）若い人たちに伝えたい。

ぼく自身、まさか「愛の本」を書き上げることになるなんて思ってもみなかった。

この本を書くこと自体が、人とのつながりが醸し出す〈愛の深さ〉を体験させてくれる素敵な出来事の積み重ねだった。

「イラストとのコラボレーションで、これまでには無いスタイルの思想の本を仕上げてみませんか」と声をかけてくれた編集者の森本さんとの出会いからすべては始まった。

他者とのつながりの中で幸福をデザインすることの大切さについて毎日少しずつ書き溜めて、妻に話を聴いてもらっては自分の考えの道筋を確認するという日々が続いた。

そして孤独を内に秘めた優しさを醸し出す、たなかさんのイラストとぼくの文章とがシンクロすることによって、ささやかな幸せへの願いが、たおやかな織物のように紡がれていった。

ひとりひとりのさまざまな想いが、まろやかな光を帯びた暖かい陽だまりへと溶け込んでいく……

2004年10月
菅野　仁

この作品は二〇〇四年十二月二十二日、ＰＨＰエディターズ・グループより刊行された。

君たちの生きる社会　伊東光晴

なぜ金持や貧乏人がいるのか。エネルギーや食糧問題をどう考えるか。複雑になった社会の仕組みや動きをもう一度捉えなおす必要がありそうだ。

新編 ぼくは12歳　岡真史

12歳で自ら命を断った少年は、死の直前まで詩を書き綴っていた。——新たに読者と両親との感動の往復書簡を収録した決定版。（高史明）

生きることの意味　高《コ》史《サ》明《ミョン》

さまざまな衝突の中で死を考えるようになった一朝鮮人少年。彼をささえた人間のやさしさを通して、生きることの意味を考える。（鶴見俊輔）

友だちは無駄である　佐野洋子

でもその無駄がいいのよ。つまらないことや無駄なことって、たくさんあればあるほど魅力なのよね。一味違った友情論。（亀和田武）

まちがったっていいじゃないか　森毅

人間、ニブイのも才能だ！　まちがったらやり直せばいい。少年のころを振り返り、若い読者に肩の力をぬかせてくれる人生論。（赤木かん子）

かかわり方のまなび方　西村佳哲

「仕事」の先には必ず人が居る。自分を人を十全に活かすこと。それが「いい仕事」につながる。その方策を探った働き方研究第三弾。（向谷地生良）

味方をふやす技術　藤原和博

他人とのつながりがなければ、生きてゆけない。でも味方をふやすためには、嫌われる覚悟も必要だ。ほんとうに豊かな人間関係を築くために！

あなたの話はなぜ「通じない」のか　山田ズーニー

進研ゼミの小論文メソッドを開発し、考える力、書く力の育成に尽力してきた著者が「話が通じるための技術」を基礎のキソから懇切丁寧に伝授！

半年で職場の星になる！
働くためのコミュニケーション力　山田ズーニー

職場での人付合いや効果的な「自己紹介」の仕方など最初の一歩から、企画書、メールの書き方など実践的技術まで。会社で役立つチカラが身につく本。

自分の仕事をつくる　西村佳哲

仕事をすることは会社に勤めること、ではない。仕事を「自分の仕事」にできた人たちに学ぶ、働き方のデザインの仕方とは。（稲本喜則）

自分をいかして生きる　西村佳哲

「いい仕事」には、その人の存在まるごと入ってるんじゃないか。『自分の仕事をつくる』から6年、長い手紙のような思考の記録。（平川克美）

生き延びるためのラカン　斎藤環

幻想と現実が接近しているこの世界で、できるだけリアルに生き延びるためのラカン解説書にして精神分析入門書。カバー絵・荒木飛呂彦（中島義道）

発声と身体のレッスン　鴻上尚史

あなた自身の「こえ」と「からだ」を自覚し、魅力的に向上させるための必要最低限のレッスンの数々。続ければ驚くべき変化が！（安田登）

戦闘美少女の精神分析　斎藤環

ナウシカ、セーラームーン、綾波レイ……「戦う美少女」たちは、日本文化の何を象徴するのか。「おたく」「萌え」の心理的特性に迫る。（東浩紀）

ひきこもりはなぜ「治る」のか？　斎藤環

「ひきこもり」研究の第一人者の著者が、ラカン、コフート等の精神分析理論でひきこもる人の精神病理を読み解き、家族の対応法を解説する。（井出草平）

「ひきこもり」救出マニュアル〈理論編〉　斎藤環

「ひきこもり」治療に詳しい著者が、Q&A方式で、ひきこもりとは何か、どう対応すべきかを示している。すべての関係者に贈る明日への処方箋。

「ひきこもり」救出マニュアル〈実践編〉　斎藤環

「ひきこもり」治療に詳しい著者が、具体的な疑問に答えた、本当に役に立つ処方箋。理論編に続く、実践編。参考文献、「文庫版　補足と解説」を付す。

キャラクター精神分析　斎藤環

ゆるキャラ、初音ミク、いじられキャラetc.。現代日本に氾濫する数々のキャラたち。その諸相を横断し、究極の定義を与えた画期的論考。（岡崎乾二郎）

承認をめぐる病　斎藤環

人に認められたい気持ちに過度にこだわると、さまざまな病理が露呈する。現代のカルチャーや事件から精神科医が「承認依存」を分析する。（土井隆義）

家族を亡くしたあなたに　キャサリン・サンダーズ　白根美保子訳

家族や大切な人を失ったあとには深い悲しみが長く続く。悲しみのプロセスを理解し乗り越えるための、思いやりにあふれたアドバイス。（中下大樹）

本番に強くなる　白石豊

メンタルコーチである著者が、禅やヨーガの方法をとりいれつつ、強い心の作り方を解説する。「ここ一番」で力が出ないというあなたに！（天外伺朗）

子は親を救うために「心の病」になる　高橋和巳

子は親が好きだからこそ「心の病」になり、親を救おうとしている。精神科医である著者が説く、親子という「生きづらさ」の原点とその解決法。

人は変われる　高橋和巳

人は大人になった後でこそ、自分を変えられる。多くの事例をあげ「運命を変えて、どう生きるか」を考察した名著、待望の文庫化。（中江有里）

消えたい　高橋和巳

自殺欲求を「消えたい」と表現する、親から虐待された人々。彼らの育ち方、その後の人生、苦しみを丁寧にたどり、人間の幸せの意味を考える。（橋本治）

老いの生きかた　鶴見俊輔編

限られた時間の中で、いかに充実した人生を過ごすかを探る十八篇の名文。来るべき日にむけて考えるヒントになるエッセイ集。

思考の整理学　外山滋比古

アイディアを軽やかに離陸させ、思考をのびのびと飛行させる方法を、広い視野とシャープな論理で知られる著者が、明快に提示する。

心の底をのぞいたら　なだいなだ

つかまえどころのない自分の心。知りたくてたまらない他人の心。謎に満ちた心の中を探検し、無意識の世界へ誘う心の名著。（香山リカ）

こころの医者のフィールド・ノート　中沢正夫

こころの病に倒れた人と一緒に悲しみ、怒り、闘う医師がいる。病ではなく〝人〟のぬくもりをしみじみと描く感銘深い作品。（沢野ひとし）

自分を支える心の技法　名越康文

対人関係につきものの怒りに気づき、「我慢する」のでなく、それを消すことをどう続けていくか。人気精神科医からのアドバイス。長いあとがきを附す。

加害者は変われるか？　信田さよ子

家庭という密室で、DVや虐待は起きる。「普通の人」がなぜ？　加害者を正面から見つめ分析し、再発を防ぐ考察につなげた、初めての本。（牟田和恵）

東大で上野千鶴子にケンカを学ぶ　遙洋子

そのケンカ道の見事さに目を見張り「私も学問がしたい！」という熱い思いを読者に湧き上がらせた、涙と笑いのベストセラー。（斎藤美奈子）

人生の教科書［よのなかのルール］　藤原和博　宮台真司

〝バカを伝染(うつ)さない〟ための「成熟社会へのパスポート」です。大人と子ども、お金と仕事、男と女と自殺のルールを考える。（重松清）

人生の教科書［人　間　関　係］　藤原和博

人間関係で一番大切なことは、相手に「！」を感じてもらうことだ。そのための、すぐに使えるヒントが詰まった一冊。（茂木健一郎）

14歳からの社会学　宮台真司

「社会を分析する専門家」である著者が、社会の「本当のこと」を伝え、いかに生きるべきか、に正面から答えた。重松清、大道珠貴との対談を新たに付す。

暮しの老いじたく　南和子

老いは突然、坂道を転げ落ちるようにやってくる。その時になってあわてないために今、何ができるか。道具選びや住居など、具体的な50の提案。

老いを生きる暮しの知恵　南和子

老いの暮しをすこやかに維持し、前向きに生きていくための知恵と工夫を伝える。体調や体力による違いを超えて、幅広い層に役立つアドバイス。

新版　赤ちゃんのいる暮らし　毛利子来

初めての赤ちゃんと、楽しく暮らすための知恵と方法がつまった本。ベテラン小児科医が「堅苦しく考えないで」とほっとさせてくれる。（本上まなみ）

決定版　感じない男　森岡正博

実はオトコは「不感症」ではないのか。この観点からロリコン、制服、ミニスカなど禁断のテーマに敢然と挑み、話題をさらった衝撃のセクシャリティ論。

生きるかなしみ　山田太一編

人は誰でも心の底に、様々なかなしみを抱きながら生きている。「生きるかなしみ」と真摯に直面し、人生の幅と厚みを増した先人達の諸相を読む。

「日本人」という、うそ　山岸俊男

現代日本の様々な問題は、「武士道」だの「品格」だのでは、解決できない。それはなぜか？　「日本人とは」という常識のうそをあばく！（長谷川寿一）

ちくま文庫

愛《あい》の本《ほん》
他《た》者《しゃ》との〈つながり〉を持《も》て余《あま》すあなたへ

二〇一八年十二月十日　第一刷発行

著　者　菅野　仁（かんの・ひとし）
　　　　たなか鮎子（たなか・あゆこ）

発行者　喜入冬子
発行所　株式会社　筑摩書房
東京都台東区蔵前二―五―三　〒一一一―八七五五
電話番号　〇三―五六八七―二六〇一（代表）
装幀者　安野光雅
印刷所　株式会社精興社
製本所　加藤製本株式会社

ISBN978-4-480-43563-7　C0195